U0635685

走进社会 的大课堂

ZOU JIN SHEHUI DE DAKETANG

刘　艺　编著

郑州大学出版社

图书在版编目（CIP）数据

走进社会的大课堂 / 刘艺编著. 一 郑州 ： 郑州大
学出版社，2014.8
　　（走进科学）
　　ISBN 978-7-5645-1812-7

　　Ⅰ．①走… Ⅱ．①刘… Ⅲ．①社会学－青少年读物
Ⅳ．①C91-49

中国版本图书馆CIP数据核字（2014）第088259号

郑州大学出版社出版发行

郑州市大学路40号　　　　　　　　　　邮政编码：450052

出版人：王　锋　　　　　　　　　　　发行部电话：0371-66658405

全国新华书店经销

北京潮河印刷有限公司印制

开本：787 mm×1 092 mm　1/16

印张：12

字数：150 千字

版次：2014 年 8 月第 1 版　　　　　　印次：2014 年 8 月第 1 次印刷

书号：ISBN 978-7-5645-1812-7　　　　定价：23.80 元

本书如有印装质量问题，请向本社调换

Contents

走进社会的大课堂

目 录

目 录

政坛趣闻

目　录

经济探源

JINGJI TANYUAN

为什么说 "劳动是财富之父"

　　人类的生存和发展，一刻都离不开各种物质资料。没有空气，人很快就会死亡；没有食物，人也不可能生存。人类所需的物质资料可以分为两大类：一类是不需要付出劳动就可以获得的自然物，如阳光、空气等；另一类是人类劳动生产出来的产品，如衣服、食品、房子、汽车等。这些经过劳动生产出来的物质资料，就是物质财富。

在社会发展的最初阶段，人类主要是采集或捕获可以直接享用的动植物资源。在经过一个漫长的狩猎时期之后，人类开始种植作物，驯养动物，开采地下矿藏，并对这些收获物进行加工、再加工。随着生产水平的提高，物质财富不断增加，产品越来越丰富，人类的需要也得到了多方面的满足。

一切物质财富都是劳动人民创造的，劳动是物质财富的源泉。但是，劳动并不是物质财富的唯一源泉，创造财富还必须依靠自然资源。英国一位著名的经济学家说过：劳动是财富之父，土地是财富之母。因此，为了不断地增加物质财富，促进人类社会的繁荣和发展，我们一方面要保护好自然资源，使之得到合理的开发，另一方面还要不断地提高劳动能力，运用现代科学技术，使自然资源得到充分有效的利用。

什么是经济与经济学

什么是"经济"？古希腊的哲学家亚里士多德认为，经济是一种谋生术，是取得生活必需品的活动。在中国古代，经济就是"经国济民"、"经邦济世"，指的是治理国家。在现代，经济有着多种含义。

第一,经济是指有关物质财富的生产、交换、分配、消费的各种活动。比如,农业经济、工业经济,指的就是农产品、工业品生产过程中的各种活动。第二,经济是指生产和生活上的节约。比如,搞建设要符合经济原则,就是在建设中要节约人力、物力、财力;而既经济又实惠,就是在生活上精打细算,少花钱多办事。第三,经济是指人们在物质生产过程中所结成的生产关系。比如,通常说的"经济是基础,政治是上层建筑",这里的"经济"就是指社会生产关系。

经济学是研究人类社会各个发展阶段上的各种经济活动、各种相应的经济关系及其发展规律的科学。经济学除了作为理论基础的政治经济学、生产力经济学之外,还有大量的应用经济学。从物质生产部门角度来研究经济现象的,有工业经济学、农业经济学、商业经济学、建筑经济学等;从物质生产地区分布的角度来研究经济现象的,有城市经济学、农村经济学、区域经济学等;从历史角度来研究经济现象的,有经济发展史、经济学说史等。还有作为经济学工具的统计学、会计学、数理经济学等。此外,还有研究非物质生产领域经济现象的经济学科,比如教育经济学、卫生经济学、国防经济学等。

三大产业是如何划分的

社会经济活动首先是从为人类提供衣食的农业开始的。随着农业生产发展水平的提高，一部分人逐渐从农业中分离出来，从事工业和其他的经济活动，以满足人类衣食之外的需要。农业和工业发展了，人类又要求满足物质生活之外更高级的需要，如为生产服务，生活上的便利，艺术享受等。所以，农业和工业以外的经济活动发展起来了。根据社会分工和经济活动的发展趋势，经济学家将社会经济活动的领域划分为三大产业。

1985年，中国开始采用三大产业的分类来核算国民生产总值。当时，国家统计局提出了三大产业的划分意见。第一产业指农业，其中包括林业、牧业、渔业；第二产业指工业和建筑业，在工业中包括采掘业、制造业、自来水、电力、蒸气、热水、煤气等；第三产业指除第一、第二产业以外的其他各业。具体又分为四个层次：第一层次指流通部门，包括交通运输业、邮电通讯业、商业、饮食业、物资供销和仓储业等；第二层次指为生产和生活服务的部门，包括金融业、保险业、地质普查业、房地产业、公用事业、居民服务业、旅游业、咨询服务业和各类技术服务业等；第三层次指为提高科学文化水平和居民素质服务的部门，包括教育、文化、广播电视、科研、卫生、体育和社会福利事业等；第四层次指为社会公共需要服务的部门，包括国家机关、党政机关、社会团体、军队、警察等。

随着经济发展水平的提高，第三产业在经济生活中的地位和作用不断增强。在发达国家，第三产业在国民生产总值中所占的比重，已经超过第一、第二产业之和。

什么是商品

　　虽然人人都生活在商品社会之中，但究竟什么是商品，人们不一定都能回答清楚。有人说"有用的东西就是商品"，也有人说"人们生产出来给别人去消费的东西是商品"，这些都不对。正确的答案是：商品是用来交换的劳动产品。

　　商品可以满足人们的某种需要，如衣服可以保暖，食品可以充饥，钢笔可以写字。商品的这种有用性，就是商品的使用价值。商品必须有使用价值，但并不是一切有使用价值的东西都是商品。有些东西有使用价值，如阳光、空气，但在一般情况下，人们不需要付出劳动就可以自由取得，所以不是商品。商品必须是劳动产品。有些东西有使用价值，也是劳动产品，但不是用于交换的，

如农民生产的供自己食用的粮食，或者是白白送给别人去消费的劳动产品，都不是商品。一种物品要成为商品，不仅要具有使用价值，还必须是劳动产品，而且必须经过交换转移到消费者手中。

　　两种商品进行交换，必须确定交换的比例。如何确定这种交换比例呢？由于相互交换的商品使用价值不同，无法相互比较，所以，商品的交换比例不是由使用价值决定的。但是，如果撇开商品的使用价值，人们会发现，商品有一个共同点，那就是它们都是劳动产品。人们在生产商品的过程中，都耗费了一定的劳动，也就是耗费了脑力和体力。人们在商品生产中耗费的脑力和体力就称作人类一般劳动，凝结在商品中的这种人类一般劳动就是价值。两种商品相互交换的比例就是由它们各自价值的大小决定的。商品是使用价值和价值的统一。使用价值是商品的自然属性，价值是商品的社会属性。

　　商品交换最早出现于原始社会相互交往的氏族之间，交换的物品仅限于他们自身消费后的剩余。到原始社会末期，随着生产力的发展，社会分工的出现，形成了以交换为目的的商品生产，交换也越来越广泛。但是，在奴隶社会和封建社会，社会普遍的经济形式是自己生产自己消费，商品生产并不占统治地位。到了资本主义社会，商品生产充分发展起来，商品成为社会财富的一般形式。在社会主义社会，仍然需要大力发展商品生产和商品交换。

什么是货币

　　在人类历史上，最初的商品交换是直接的物物交换，也就是用自己的商品直接换回其他的商品。但是随着商品数量、种类的增多以及交换范围的扩大，直接的物物交换会经常出现困难。后来，由于交换的发展，从众多的商品中就逐渐分离出一种商品，大家都愿意先同它交换，然后用它换回自己所需要的商品，这种特殊商品被称作一般等价物。在历史上，牲畜、毛皮、食盐、

贝壳、铜、铁等都充当过一般等价物，这就是早期的货币。在这之后一个很长的时期内，货币都是由贵金属黄金和白银来充当的。后来，金属货币又发展为现在通行的纸币。

现在，每个国家都有自己的货币。不论是哪个国家的货币，都有一个共同的特点：同一切商品相交换，充当商品交换的媒介。如果没有货币，商品就无法正常流通，生产的进行会受到阻碍，人民生活也会遇到困难。所以，货币如同人体中的血液一样，货币循环一旦停止，整个社会经济就要陷于瘫痪。

由于货币可以同一切商品相交换，因此，人们掌握了货币，就等于掌握了一定的社会财富。现在流通的货币是纸币，是银行用特殊的纸张印制出来的，但社会财富并不会随着纸币印刷量的增加而增加。因为一个国家的物质财富是由劳动者生产的各种产品构成的，纸币只是财富的代表。不论发行多少纸币，社会的财富总量是不变的，只不过发行的纸币越多，单位纸币代表

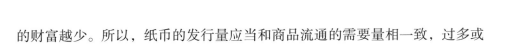

的财富越少。所以，纸币的发行量应当和商品流通的需要量相一致，过多或过少都不利于经济的正常发展。

什么是价格

在商店里，每种商品都标明了售价。如一块手表卖 100 元，这就是手表的价格。商品都是有价值的，但是商品不能自己表现自己的价值有多少，只有当它同另一种商品交换时，它的价值才能通过另一种商品表现出来。在货币这种特殊商品出现以后，商品通常都是同货币相交换，它的价值也就通过货币来表现。价格就是商品价值的货币表现形式。

商品的价格，一方面决定于商品本身的价值，另一方面决定于货币本身的价值。假定货币的价值或者货币所代表的价值是一定的，那么商品价值高价格就高，价值低价格就低，比如小汽车的价格比自行车的价格高。假定商品的价值是一定的，那么货币的价值或者货币所代表的价值提高，商品的价格降低；相反，货币的价值或者货币所代表的价值降低，商品的价格提高。比如，严重的通货膨胀时期，纸币大幅度贬值，商品价格就明显上涨。假定商品的价值和货币的价值同时按同一比例

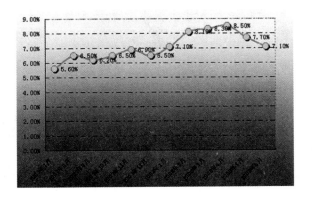

提高或降低，商品的价格会保持不变。商品的价格除了决定于商品的价值和货币的价值以外，还受到商品供求关系变化的影响。比如，在不同的季节，有些服装的价格会有所不同。

商品的价格既关系到消费者的利益，又涉及生产者的利益，所以人们对它非常敏感。通过"价格指数"可以看出市场上多数商品价格变化的程度。所谓价格指数，是反映价格变动的相对数。它被用来说明两个时期商品价格的变动程度与发展趋势，通常用百分数来表示价格的升降程度。比如，相比于1988年，1989年我国零售物价总指数为117.8%，就是说，1989年我国零售物价总水平比上年上涨17.8%。通过编制价格指数，可以为正确制定与贯彻执行物价政策提供依据。反映人民基本生活资料价格变动状况的指数，称为生活费指数，这是生活消费品类的物价指数。

通货膨胀是怎么发生的

在商品市场上，价格的涨落是经常发生的，这主要是由商品的价值和供求的变化引起的。但是，如果在一个时期物价持续地普遍上涨，就不是由商品价值和供求变化引起的了，而是由通货膨胀造成的。

通货泛指流通中的货币。通货膨胀是由于纸币的发行量超过商品流通的实际需要而引起的货币贬值、物价上涨的经济现象。在一定时期，商品流通中所需要的货币量，等于商品的价格总额除以单位货币的流通次数。在金银作为货币流通的条件下，如果流通中的货币量超过了商品交换的需要，一部分货币会退出流通，被人们作为一般社会财富贮藏起来。如果流通中的货币量少于商品交换的需要，贮藏起来的货币会进入流通。通过这种自发调节，可以使流通中的货币量同商品交换的实际需要相一致。但是，纸币流通情况就不同了。纸币本身没有价值，仅仅是强制流通的价值符号。一般说来，纸币不能兑换黄金，也不能作为贮藏手段，不论国家发行了多少纸币，都会处于流通之中。这样，如果纸币的发行量超出了商品流通的实际需要，单位纸币所代表的价值就会减少，也就是纸币贬值。但同时，商品的价值并没有发生变化，因此，纸币贬值的具体表现就是商品价格的普遍上升。

在一个国家，造成纸币的发行量超出商品流通的实际需要的原因是多种多样的，但最后的结果都是物价总水平的普遍上升。严重的通货膨胀会干扰国民经济的正常运行，所以，国家必须采取措施，减缓和制止通货膨胀。

# 货币等于资本吗

有的人常常把一个人手头货币多，说成是这个人的资本雄厚。其实，货币本身并不是资本。只有在一定的条件下，货币才成为资本。

货币作为商品流通的媒介和货币作为资本，二者的运动形式不同。在简单商品流通中，商品生产者为买而卖。比如，一个人先在市场上卖掉斧头，然后用得到的货币购买小麦。在这里，货币是商品流通的媒介。所以，简单商品流通公式是：商品（W）—货币（G）—商品（W）。

在资本流通中，情形正好相反。这时，货币所有者先用货币购买商品，经过生产过程，再卖出商品，重新取得货币。在这里，商品是流通的媒介。

用公式来表示就是：货币（G）—商品（W）—货币（G）。如果货币所有者用1万元购买商品，经过生产过程，卖出商品后仍然得到1万元，这种活动是没有意义的。事实上，卖出商品得到的货币，要比购买商品时付出的货币多。所以，经过这个过程，货币会实现增值。马克思把这个增值额称作剩余价值。这时，货币才成为资本。

在生产过程中，资本要分为两部分，一部分表现为生产资料，一部分表现为劳动力。生产资料只是把价值转移到新产品中，价值量不发生变化；而劳动力的使用所创造的新价值会大于购买劳动力付出的价值，即能创造出剩余价值。购买生产资料的资本称为不变资本，购买劳动力的资本称为可变资本。

资本的增值是在运动中实现的。资本从货币形式出发，最终又回到货币形式的全过程，称作资本循环。在循环中，资本要依次经历货币资本、生产资本、商品资本三种形式。资本周期反复的循环，叫作资本周转。由于资本的周转方式不同，资本可以分为固定资本和流动资本。加快资本的周转，可以使资本的增值速度加快。

随着社会生产力的发展和社会分工的扩大，资本表现为产业资本、商业资本、借贷资本等形式，它们分别占有一部分剩余价值。

现代企业经营的目标是什么

一个农民经过一年的辛勤劳动，生产出来的粮食除了自己消费之外还有剩余，这部分剩余的粮食称作剩余产品，为生产剩余产品所付出的劳动称作剩余劳动。在现代从事商品生产的企业中，劳动者的劳动也包括剩余劳动，这些剩余劳动在价值上的具体表现就是利润。

在资本主义社会，资本家投资办企业的目的是获得利润。比如，投资 1 万元购买生产资料和雇用劳动力，从事商品生产。结果，销售商品的收入是 1.2 万元，超过投资 2000 元，这 2000 元就是资本家获得的利润。在社会主义企业中，商品的销售收入减去生产成本和税金以后的余额，也称作利润。在中国，国有企业实现的利润，按照国家的规定，一部分交给国家，一部分留归企业自行支配。

企业取得利润的多少，从根本上说决定于劳动者提供的剩余劳动的多少。因此，只有使工作时间得到充分利用，同时采用新技术、新的管理方法，提高劳动生产率，才能使劳动者提供更多的剩余劳动，增加利润。另外，企业还必须适应市场需求的变化，生产适销对路的商品，增加销售收入，从而获得更多的利润。

利息从哪里来

古往今来，借贷一般都是要付出代价的。借款人在归还欠款时，需要多支付一定数额的货币，这部分货币就是利息。现在，我们把钱存入银行，也

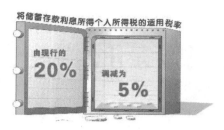

可以获得利息。比如，把 100 元存入银行，存期一年，到第二年取出来时就变成了 110 元，这多出来的 10 元就是利息。

利息是从哪里来的？有人说是货币自己生出来的。其实这是不可能的。利息是由劳动者创造出来的。

在奴隶社会和封建社会，高利贷者把货币借给农民、手工业者以及奴隶主和封建主，从他们那里获得很高的利息。在这里，利息来源于农民、手工业者以及奴隶和农奴的劳动成果。

在资本主义社会，职能资本家从借贷资本家手里借入货币，从事经营活动，取得的利润一部分归自己所有，另一部分以利息的形式付给借贷资本家。在这里，利息是由雇佣工人创造的。

在社会主义社会，货币的借贷主要表现为银行的存款和借款。银行集中了企事业单位的存款和个人的储蓄存款，然后将货币借给企事业单位和个人。借款的单位和个人要向银行付利息，银行要向存款的单位和个人付利息。利息来源于借款单位的劳动者和使用借款的个人的剩余劳动。在银行存款获得的利息，是对存款人的报酬和鼓励。

社会主义的分配原则是什么

在社会主义社会，个人消费品的分配原则是按劳分配，也就是按照劳动者向社会提供的劳动的数量和质量，分配个人消费品，实行多劳多得，少劳少得。

个人消费品实行按劳分配，首先是由社会主义公有制决定的。因为在社会主义公有制条件下，广大劳动人民是生产资料的主人，产品是大家共同劳动的成果。每个人能获得多少产品，只能以他们提供的劳动为依据，不能有其他的依据。同时，由于社会物质生产水平还不能满足全社会的需要，只能实行按劳分配，还不能实行按需分配。

按劳分配还是由劳动的性质决定的。在社会主义社会，由于受多种因素的制约，人们向社会提供的劳动存在着明显的差别；同时，劳动还是谋生的手段，还没有成为生活的第一需要。因此，只有以劳动作为分配个人消费品的尺度，对每个人所提供的劳动进行严格的计量和监督，才能调动人们的劳动积极性，促进生产的发展。

按劳分配是通过一定的具体形式实现的。比如，我国农村的联产承包，城镇企事业单位的工资、奖金，都是按劳分配的形式。

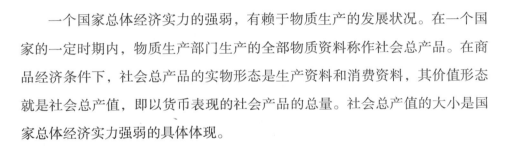

什么是社会总产值

一个国家总体经济实力的强弱，有赖于物质生产的发展状况。在一个国家的一定时期内，物质生产部门生产的全部物质资料称作社会总产品。在商品经济条件下，社会总产品的实物形态是生产资料和消费资料，其价值形态就是社会总产值，即以货币表现的社会产品的总量。社会总产值的大小是国家总体经济实力强弱的具体体现。

社会总产值的计算方法有两种。第一种方法是直接把各物质生产部门的总产值相加，具体来说就是把工业、农业、建筑业三个物质生产部门的生产成果的价值，与货物运输业和为生产服务的邮电业、商业、饮食业等部门的生产成果中新追加的价值相加。用这种方法计算的社会总产值，不仅反映了社会生产的总成果，而且可以用来考察社会总产值的部门构成。第二种计算方法是按工业、农业、建筑业三个部门和其他有关部门产品的最终消费价格计算。消费价格是生产资料或消费品由流通领域进入消费领域时的价格。用这种方法计算的社会总产值，同样反映了整个物质生产领域的生产总成果，并且可以用来考察社会总产值的实物构成。

社会总产值既可以用现行价格计算，也可以用不变价格计算。用现行价格计算社会总产值，可以反映整个社会生产现实的发展水平，并将它与其他经济指标相联系，分析研究经济发展中的问题；不变价格又称固定价格或可比价格，指为比较不同时期的指标而采用的某一时期的价格。用不变价格计算社会总产值，同样可以反映整个物质生产领域的生产总成果，并且可以同以前的指标相比较。

什么是国民收入

人类为了自身的生存和发展，必须不断地生产出各种物质产品。在物质产品的生产过程中，不仅劳动者要付出劳动，而且要投入机器、设备、原料、燃料等等。这些物质投入通称生产资料。因此，从物质产品中扣除消耗的生产资料，余下的才是劳动者新创造的财富，才能用于生活消费和扩大再生产。

劳动者所创造的财富就是国民收入。

国民收入是物质生产部门的劳动者创造的。这些部门包括农业、工业、建筑业、运输业和为生产服务的邮电业、商业。从这些部门生产的产品中扣除消耗掉的生产资料，余下的是实物形态的国民收入。从这些产品的价值中扣除消耗的生产资料的价值，余下的是价值形态的国民收入，即社会净产值。

国民收入作为一个国家一定时期内（如一年）的净收入，是满足人民的物质和文化需要以及实现扩大再生产的物质来源。人均占有国民收入的多少，是一个国家穷富的标志。所以，要实现国家强盛、人民富裕，必须大力发展生产，提高劳动生产率，增加国民收入。

什么是国民生产总值

在当今世界上，各国的生产形式、资源状况、统计数字的依据等各不相同，所以，反映国家经济发展水平的指标也多种多样。另外，社会总产品、社会总产值、国民收入等指标，可以反映物质生产部门的发展状况，其他部门的发展状况就得不到体现。所以，世界各国通用的综合反映全部社会经济活动状况的指标，就是国民生产总值。

国民生产总值是一个国家在一定时期内（如一年）所有部门生产的社会产品的增加值和纯收入的总和。它的内容一般包括国民收入、固定资产折旧费和非生产部门的纯收入。所以国民生产总值既包括生产部门所生产的产品的价值（不包括所消耗的原材料价值），又包括非生产部门（如金融、保险、社会服务、娱乐、文化事业等）和居民服务行业（如理发业等）提供的非生产性服务的收入。此外，还包括国家机关工作人员和家庭雇工（如保姆）等提供的劳务的价值。

国民生产总值的计算方法主要采用生产法，也称部门法。这种方法是用所有部门的产品或营业收入的增加值，即各自的总产值和营业收入减去外购原材料、物品、劳务后的价值，加上应该计入的个人服务价值，从而得到国民生产总值的数额。

国民生产总值的多少，是衡量一个国家经济实力强弱的一个重要尺度。一个国家在一定时期内扩大再生产的规模、发展速度和人民生活水平及其改善的速度，取决于国民生产总值的增长量和增长速度。

什么是劳动生产率

人类从事物质资料的生产都是有目的的，即取得有用的劳动成果。但是，由于多种因素的影响，投入同样多的劳动，生产成果会有很大的差别。比如，一个人一天用镰刀可以收割 1 亩小麦，而用一台联合收割机可以收割 100 亩。这就是二者的劳动生产率不同。

劳动生产率指劳动的效率，它可以用单位时间生产的产品数量来表示，也可以用单位产品包含的劳动时间来表示。一定时间内生产的产品越多，或者单位产品中包含的劳动时间越少，就表示劳动生产率越高。用公式来表示：

劳动生产率 = 产出成果数量 ÷ 劳动投入量

由于计算劳动投入的范围不同，劳动生产率可以分为个别劳动生产率和社会劳动生产率。以个别劳动者的劳动收入来计算的个人劳动生产率，以及以企业劳动投入来计算的企业劳动生产率，都是个别劳动生产率；而以全社会的劳动投入来计算的则是社会劳动生产率。

劳动生产率的高低受多种因素的制约，这些因素主要有：劳动者的熟练程度，科学技术的发展水平和应用的状况，劳动力与生产资料的结合方式，经营管理的水平以及自然条件等。其中，科学技术的发展水平起着决定作用。

调节经济运行的经济杠杆有哪些

在物理学中，杠杆是一种简单的机械或工具，利用杠杆原理可以起到事半功倍的效果。国家对经济活动进行调节，也需要一些类似于杠杆原理的经济手段，比如：价格、税收、信贷、利润、工资、汇率、利率等等。这些调节国民经济运行的经济手段，称作经济杠杆。

合理运用经济杠杆，可以协调不同的经济利益关系。可以调节社会劳动在不同部门之间的分配比例，优化经济结构；可以调节生产过程，提高经济活动的效率；还可以引导消费，促进供需平衡的实现。比如，为了限制基本建设不合理的过快增长，国家银行通过减少贷款的发放，很快就取得了成效；为了增加储蓄存款，银行提高了存款利率，储蓄存款的增长速度就明显地加快了。这些都是利用经济杠杆的作用的体现。在市场经济条件下，社会资源

的配置基本上是通过市场的调节作用实现的，而国家运用经济杠杆对经济进行宏观调控有重要意义。

在对国民经济运行的调节中，各种经济杠杆发挥的作用是不同的，但它们之间又存在着内在的联系，并且相互制约。同时，各种经济杠杆的作用都是有条件的，不是万能的。因此，只有对各种经济杠杆和其他的经济调节手段、行政调节手段等进行合理的综合运用，才能实现国民经济的健康、稳定、持续发展。

衡量经济效益好坏的标准是什么

人们从事经济活动都是为了取得经济成果。经济效益就是对经济活动中劳动投入和产出、劳动消耗和成果的比较。如果劳动投入相同，而产出较多，劳动消耗相同，则成果较大；或者产出相同，劳动投入较少，成果相同，劳动消耗较少，就表明经济效益较好。反之，就表明经济效益较差。

在经济活动中，投入和产出、消耗和成果都可以通过不同的指标来表示。比如，投入和消耗包括资金、生产资料和劳动者的占用，以及资金、生产资料和劳动时间的消耗；产出和成果也包括社会总产品、社会总产值、国民生产总值、国民收入、利润等多项指标。所以，评价经济效益好坏的标准是不同的。一般说来，一定的劳动投入和劳动消耗生产出来的有用产品多，是经济效益好的第一个标准；一定的劳动投入和劳动消耗取得的国民收入多，是经济效益好的第二个标准；一定的劳动投入和劳动消耗取得的利润多，是经济效益好的第三个标准。

另外，人们从事经济活动的范围是不同的。它既可以是全国范围的，又可以是地区范围的，也可以是企业范围的，因而经济效益的好坏也会有宏观和微观的区别。一项经济活动，对一个企业或一个地区来说，经济效益可能是好的，但是对全国的经济发展来说，经济效益可能是不好的；相反，一项经济活动，对全国来说经济效益是好的，但是对某一地区或某一个企业来说，经济效益也可能是不好的。在社会主义社会，地方和企业都有自己独立的经济利益，但社会经济是一个有机整体，为求得微观经济效益而损害国民经济整体的发展是错误的、不允许的。所以，应当争取宏观经济效益和微观经济效益的统一，在二者发生矛盾时，局部应当服从整体，把宏观经济效益放在首位。

经济效益的好坏是劳动生产率高低的具体体现，而劳动生产率的高低又是同科学技术水平的高低直接相联系的。所以，发展科学技术是提高经济效益的根本途径。

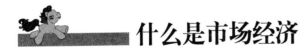

什么是市场经济

市场经济是通过市场而实现资源配置的一种方式。在人类社会的一定时期和一定范围内，物质资源和人力资源都是有限的。对这些有限的资源只有在各种用途之间进行合理的分配，才能使它们发挥最大的效用。对资源的这种分配过程就叫资源配置。在经济运行中，如果社会资源的配置基本上是通过政府或其他机构制订的计划而实现的，这种经济形式就是计划经济；如果社会资源的配置基本上是通过市场而实现的，这种经济形式就是市场经济。

计划经济和市场经济都是调节经济运行的手段。

市场经济和商品经济有着密切的联系。商品经济是市场经济存在与发展的前提和基础，市场经济是商品经济存在与发展的必然要求。只有商品经济充分发展了，社会资源的配置才能通过市场来实现，而通过市场来实现资源配置正是商品经济发展的条件。在市场经济中，社会生产什么，采用什么方法生产和谁将得到生产出来的产品等问题，都是依靠供求的力量来解决的。在市场经济中，实行自主经营、自负盈亏的商品生产者和经营者是独立的法人，是市场的主体；社会的生产、分配、交换、消费的全过程都与市场密切相联系，企业之间的联系也是通过商品货币关系而实现的；市场供求、市场价格等调节着整个社会经济的运行。

市场经济是同一定的社会经济制度结合在一起的。不同社会制度下的市场经济不仅具备市场经济的一般性质，而且体现了相应的社会制度的特点。

货币知多少

1. 人民币

人民币是中国的法定货币，从 1948 年 12 月 1 日中国人民银行成立时开始发行。人民币以元为单位，1 元等于 10 角，1 角等于 10 分。人民币有纸币和铸币两种，现行纸币的票面额有 100 元、50 元、20 元、10 元、5 元、2 元、1 元、5 角、2 角、1 角、5 分、2 分、1 分等十三种；

铸币有 1 元、1 角、5 角、5 分、2 分、1 分等六种。1989 年 9 月 28 日，中国人民银行发行金银纪念币一套，共五枚硬币：20 盎司大规格纯金币一枚，四分之一盎司金币一枚，27 克银币两枚（正面花纹两枚相同，背面花纹不同），一元的铜镍质纪念币一枚。

我国人民币的发行经历了三次大的更动：第一次在 1948 年 12 月，发行后，陆续收回各解放区发行的地方性货币，并禁止了金银、外币在市场上的流通。为了使人民财产不受损失，又用收兑办法肃清了国民党政府发行的各种货币，使人民币成为我国唯一的法定货币。第二次是从 1955 年 3 月 1 日开始，发行新的人民币（也就是现在市场上流通的人民币），同时开始回收原来面额较大的旧人民币，新人民币 1 元折合旧人民币 1 万元。这次人民币以新换旧，缩小人民币的面额，使我国的币制得到了进一步健全和巩固。第三次是从 1987 年 4 月 27 日开始，发行一套（九种）新人民币。这次发行，除发行面额与原纸币相等而图样不同的 10 元、5 元、2 元、1 元、0.5 元的新纸币外，还发行了 50 元、100 元大面额的人民币，以适应商品经济的发展，满足扩大生产和商品流通的需要。人民币的代号为"￥"，这是取人民币单位"元"字汉语拼音"yuan"的第一个字母 Y 加两画而成，读作"元"。

我国的人民币没有宣布含金量，也不与黄金挂钩。但人民币仍然是价值符号，人民币的价值基础是黄金，代表黄金执行货币职能。一个国家是否需要规定货币的含金量并且公布于众，取决于这个国家的政策选择，并不影响货币的价值和职能。

2. 港币

港币是香港的货币名称，也称港元，1 港元等于 100 分。

港币在 1950 年以前发行。现有港元的纸币面值种类有 1000 元、500 元、100 元、50 元、20 元、10 元，铸币（辅币）面值种类有 5 元、2 元、1 元、50 分、10 分、5 分。

3. 澳元

澳元是澳门的货币名称，1 澳元等于 100 分。现在澳门流通的货币是 1966 年发行的，纸币面值种类有 100 元、50 元、20 元、10 元、5 元，铸币（辅币）面值种类有 2 元、1 元和 50 分、20 分、10 分、5 分、2 分、1 分。

1966 年以前澳门的货币单位叫磅，后来改元为单位，通称澳元。

4. 台币

台币是台湾省银行发行并在台湾流通的货币。现在流通的台币有 50 元、100 元、500 元、1000 元纸币和 1 元、5 元、10 元硬币。

早在日本侵占中国台湾期间，台湾银行发行的货币就称台币，在台湾、厦门和福州等地流通。抗日战争胜利后，国民党政府将台湾银行改组为台湾省银行，并于1946年5月22日发出公告，发行1元、5元、10元三种台币，等值收回日本侵占期间发行的台币。在此后的三年内，为了恢复生产，应对严重的财政危机，台币发行量迅速增加，并陆续增发了面额为50元、100元、500元、1000元、10000元的台币五种。

1949年6月15日，台湾开始币制改革，以旧台币4万元折合新台币1元，新台币面额为1元、5元、10元三种。1961年6月发行面额为50元和100元的台币两种。1980年2月又发行面额为500元和1000元的大额钞票两种。

5.美元

美元是美国的货币名称，它创设于1792年。根据当时美国的铸币法，1美元合371.25格令纯银或24.75格令纯金，以后有所增减。

1948年12月18日，国际货币基金组织正式公布美元含金量为0.888671克。每盎司黄金官价为35美元。此后，由于美国国际贸易收支持续逆差，通

货膨胀严重，导致美元危机加深。1971年8月15日，美国政府宣布禁止外国政府按官价将美元兑换成黄金。同年12月18日，美元贬值7.89%，黄金官价提高到每盎司38美元。1973年2月12日，美元再次贬值10%，黄金官价提高到每盎司42.22美元。

美元下面的辅币单位是分，1美元等于100分。美元在流通中有纸币和铸币两种，纸币面额有1元、2元、5元、10元、20元、50元、100元等七种，铸币（即硬币）面值有1分、5分、10分、25分、50分、1元等六种。

6. 英镑

英镑是英国货币的名称。1946年12月18日英国宣布一英镑含金量为3.58134克，1949年9月至1967年11月英镑两次贬值，含金量改为2.13281克。

英镑下面的货币单位（辅币）为先令和便士。1英镑等于20先令，1先令等于12便士。从1971年2月15日起，辅币单位改为新便士，1英镑等于100新便士。现在流通中的英镑有纸币、铸币两种。纸币面额为1英镑、5英镑、10英镑、20英镑四种，铸币面额为0.5便士、1便士、2便士、5便士、10便士、50便士六种。

7. 日元

日元是日本的货币名称，创设于1871年5月1日。1897年日本确

立金本位制，含金量定为 0.75 克，1953 年 5 月含金量宣布为 0.00246853 克。

日元下面的货币单位（辅币）为钱，1 日元等于 100 钱。流通中的纸币面额有 500 元、1000 元、5000 元、10000 元，硬币面额有 1 元、5 元、10 元、50 元、100 元、500 元。有时，韩国的货币"圆"也译"日元"，1 圆等于 1 日元。

8. 卢布

卢布是俄罗斯的货币名称和单位。在 1917 年十月革命以后，卢布一直是苏联的法定货币。1950 年 3 月 1 日规定卢布的含金量为 0.222168 克。1961 年 1 月 1 日发行新卢布，卢布的含金量提高到 0.987412 克。

卢布下面的货币单位（辅币）是戈比，1 卢布等于 100 戈比。卢布在流通中的纸币面额有 1 卢布、3 卢布、5 卢布、10 卢布、25 卢布、50 卢布、100 卢布，硬币有 1 卢布和 1 戈比、2 戈比、3 戈比、5 戈比、10 戈比、15 戈比、20 戈比、50 戈比。1991 年 12 月苏联解体后，俄罗斯仍以卢布作为货币名称和单位。

俄罗斯货币10卢布——正面

俄罗斯货币10卢布——反面

俄罗斯货币500卢布——正面

俄罗斯货币500卢布——反面

俄罗斯货币1000卢布——正面

俄罗斯货币1000卢布——反面

9. 加拿大元

加拿大元是加拿大的货币名称，简称加元。1962 年 5 月 2 日，规定含金量为 0.822021 克。

加拿大元下面的货币单位（辅币）是分，1 加元等于 100 分。现在加拿大流通中的加元有两种：一是纸币，面额有 1 元、2 元、5 元、10 元、20 元、50 元、100 元、1000 元等；二是铸币（硬币），面额有 1 分、5 分、10 分、25 分、50 分及 1 元等。

10. 瑞士法郎

瑞士的货币名称叫瑞士法郎。1971 年后，含金量为 0.2175926 克。它是资本主义世界主要的"硬通货"之一。

瑞士法郎下面的货币单位（辅币）为分，1 瑞士法郎等于 100 分。瑞士法郎在流通中有两种：一是纸币，

面额有 5 瑞士法郎、10 瑞士法郎、20 瑞士法郎、50 瑞士法郎、100 瑞士法郎、1000 瑞士法郎；二是硬币，面额有 1 瑞士法郎、2 瑞士法郎、5 瑞士法郎和 1 分、2 分、5 分、10 分、20 分、50 分等。

11. 澳大利亚元

澳大利亚元是澳大利亚的货币单位，1 澳大利亚元等于 100 分。面额有 1 元、2 元、5 元、10 元、20 元、50 元，另有 1 分、2 分、5 分、10 分、20 分、50 分铸币。澳大利亚货币单位原为镑，1966 年 2 月 14 日，发行十进位的新货币元，代替镑。

 # 中国有哪些金融机构

1. 中国人民银行

中国人民银行专门行使中央银行职能，是国务院领导和管理全国金融事业的国家机关。其他专业银行作为经济实体，接受中国人民银行的业务领导。

中国人民银行成立于 1948 年 12 月 1 日，当时，总部设在河北省石家庄市。中华人民共和国成立后，总行迁到北京。中国人民银行向全国发行统一的人民币。我们日常用的人民币都是由中国人民银行发行的，其他银行不能印发货币。中国人民银行既是管理金融的国家机关，又是进行金融活动的经济组织。1979年后，先后恢复了各种专业银行，中国人民银行专门行使中央银行的职能。

中国人民银行的主要职能是10条：研究和拟订金融工作的方针、政策、法令、基本制度，经批准后组织执行；掌管货币发行，调节市场货币流通；统一管理人民币存、贷款利率和汇价；编制国家信贷计划，集中管理信贷资金；管理国家外汇、金银和国家外汇储备、黄金储备；代理国家财政金库；审批金融机构的设置或撤并；协调和稽核各金融机构的业务工作；管理金融市场；代表政府从事有关的国际金融活动。

2. 中国银行

中国银行是我国的国家外汇专业银行。它在中国人民银行领导下，统一管理和经营外汇业务。

中国银行有悠久的历史，它的前身是清朝的大清银行。1912 年改为中国银行，当时为官商合办银行，1928 年成为国民政府的国际汇兑银行。1949 年，中国银行由人民政

府接管，总管理处从上海迁往北京。1953 年，政务院颁布《中国银行条例》，规定中国银行为国家的外汇专业银行。1979 年，国务院批准中国银行为国务院直属机构。1983 年中国银行改为国务院直属局级的经济实体，业务上接受中央银行——中国人民银行的指导。

中国银行在各省、自治区和重要口岸、城市设分支机构，在国外的贸易、金融中心设立分支机构或代表处。它在伦敦、纽约、新加坡、卢森堡、香港等国际金融中心设有分行，在东京、巴黎设有代表处。中国银行与世界 150 多个国家和地区的数千家银行机构建立了业务联系。

中国银行总行在北京，设有董事会和监事会。它的基本职责是：负责统一经营国家外汇资金，统一办理国家外汇收支；经营一切外汇业务及其有关的人民币业务；办理对外贸易和非贸易的国际结算；办理外贸信贷、中外合资企业信贷、出口信贷、国际银行信贷和国际信托投资业务、国际租赁业务；根据国家授权和中国人民银行的委托，同外国政府和中央银行签订协议，参加国际金融活动。

中国银行在外汇业务方面发挥着五种职能作用：国家外汇专业银行的作用；一般国际商业银行的作用；出口信贷银行的作用；长期投资银行的作用；集中筹集资金的作用。

3. 中国工商银行

中国工商银行是办理工商信贷和城镇储蓄业务的专业银行。通过储蓄存款，把社会上暂时闲置不用的资金吸收到银行中来，使闲置资金和消费资金转化为生产资金，这是工商银行的一项重要业务。

中国工商银行总行在北京，设有董事会，是它的最高决策机构。它的基本任务是：大力筹集社会资金，加强信贷资金管理，支持工业生产发展，支持扩大商品流通，支持国有经济、集体经济和个体经济的发展，推进技

术进步和企业技术改造，积极发挥金融事业在经济建设中的资金调节和再分配作用。

4. 中国人民建设银行

中国人民建设银行简称建设银行，是办理基本建设等固定资产投资的专业银行。它成立于1954年10月1日，专门办理全国基本建设的拨款，并对建筑企业发放流动资

金贷款。1984年9月，国务院规定，所有国家投资项目，全部实行贷款。

建设银行总行设在北京，各省、自治区的首府以及直辖市设分行，地区专署所在地设中心支行，县（市）设支行或办事处。为了适应建设的需要，在重点建设项目所在地设置专业分行或支行。建设银行筹集分配和组织供应建设资金，监督检查建设资金的合理使用，负有财政和银行的双重职能。它的主要业务活动有：管理基本建设和地质勘探支出预算；审批基本建设财务计划和基本建设财务决算；发放基本建设贷款；办理基本建设拨款；制定基本建设管理制度；发放技术改造贷款；发放出口工业品生产贷款；对利用外资的建设项目办理拨款和贷款；开展信托业务；吸收存款。建设银行成立时，由财政部领导。1979年8月，国务院决定将建设银行改为国务院的直属机构。1982年，建设银行又改为总局级金融经济组织。

5.中国农业银行

中国农业银行是管理农村金融的专业银行。新中国成立以来，曾先后四次组建和撤并，直到 1979 年 3 月再次恢复，成为一个在业务上受中国人民银行领导的国务院直属经济实体。

农业银行作为国家银行，仍具有管理职能。它的基本任务是：领导和管理农村金融工作，制定农村金融工作的方针、政策、法令、规章、制度，并组织执行；根据国家计划制定农村信贷计划，组织农村资金，支持农村经济全面发展；组织农村货币投放和回笼，调节农村货币流通；根据国家规定管理农村利率，管理农村金融市场；依法对信用社进行管理，通过经济办法领导和协调信用社的业务活动，充分发挥信用社的作用。

农业银行的业务经营范围主要包括：办理农村的各项储蓄存款；办理农村国营、集体和联营企业的农工商各项贷款；办理农村信托、租赁、咨询等业务；发行金融债券；办理农村保险业务；引进外资，办理农村金融对外业务；监督拨付国家支农资金；另外还要承担国务院交办的和人民银行委托的有关业务。

6.交通银行

交通银行是我国一家历史悠久的银行，原为旧中国四大官僚资本银行之一。初建时，是清政府为了经营铁路、电报、邮政、航运四项事业的收付而设立的银行，交通银行由此得名。它成立于 1908 年（清光绪三十四年），新中国成立后由人民政府接管，整顿后曾作为监督公私合营企业财务的银行。

1958 年起，除香港分行继续发展业务外，内地业务分别并入中国人民银行和中国人民建设银行。随着我国经济体制改革的深化发展，1986 年 7 月国务院决定重新组建交通银行。

交通银行总行初设在北京，1928 年迁至上海。现在，交通银行总管理处仍设在上海。

交通银行是一个综合性银行。它在中国人民银行的领导下，筹集和融通国内外资金，经营人民币和外币的金融业务。交通银行的主要职责是：吸收人民币、外币存款和个人储蓄，办理人民币和外币的贷款等业务；办理国内外的结算和汇兑；发行人民币、外币债券和各种有价证券，经办证券买卖；办理国际和国内银行间的存、贷款，拆借和贴现；在国外及港澳地区投资或合资经营银行、财务公司或其他企业；参与国际的联合贷款和银团贷款；设立各类子公司，经营房地产业务，承办国内、国际的信托、投资、租赁、担保、咨询和代理等业务；承办中国人民银行委托、交办、批准的其他业务，以及所有适合开展的金融业务。

交通银行实行董事会领导下的总经理负责制，董事会是最高决策机构。

7. 中国投资银行

中国投资银行是我国政府指定向国外筹集建设资金、办理投资信贷的专业银行，成立于 1981 年 12 月，总行设在北京。在全国大部分省、自治区和直辖市设有分行，并在沿海开放城市、经济特区和一些业务较集中的地区设立分行或支行。

投资银行受财政部领导，与中国人民建设银行在业务上保持密切联系，并与中国其他各家银行共同配合，开展工作。

投资银行是国有企业，按照企业要求，实行独立核算，自负盈亏。投资银行的最高权力机构是董事会，下设常务董事会，负责处理董事会授权的事项以及日常工作中的一些重大问题。投资银行的法定资金为人民币 40 亿元，由国家根据其业务发展的需要陆续审核拨款。

投资银行的主要任务是：接受国际金融机构的贷款，并通过其他途径和方式向国外筹集建设资金，在国家建设总方针和国民经济计划的指导下，按照国家统一的金融政策和本行的各项业务制度，对我国企业提供外汇及人民币投资、信贷，为实现我国社会主义现代化服务。

投资银行的业务活动主要有四个方面：向国外筹集中、长期外汇资金，这是投资银行的首要任务；对国内企业发放投资贷款；逐步开展咨询业务；开展其他银行业务，包括接受借款企业的存款和对所投资企业办理担保业务。

它还可以接受其他有关机构的委托，发放投资贷款。

8. 中国人民保险公司

中国人民保险公司是专门经营保险业务的国有保险企业，是国务院直属经济实体。1949 年 10 月 20 日成立，总公司设在北京。

中国人民保险公司成立之初，先后建立了华东、东北、中南、西北、西南五个区公司，在除西藏、台湾以外的各省、市、自治区建立了分公司，并以中国人民银行的分支机构作代理处，开展保险业务。在国内主要经营国有企业财产保险、货物运输保险、运输工具保险、火灾保险、牲畜保险、农作物保险、人身保险和旅客强制保险等；在国外主要经营船舶保险、远洋货物运输保险等。1959 年，停办了国内保险业务，仅在少数口岸城市保留分支机构，办理与外贸有关的保险业务。

1980 年，中国人民保险公司恢复办理国内保险业务，恢复和新建分支机构。1983 年 7 月，中国人民保险公司董事会成立。1984 年 1 月 1 日起，成为国务院直属经济实体。公司在国内的保险业务有企业财产保险、家庭财产保险、运输工具保险、货物运输保险、养殖业保险、种植业保险、简易人身保险、人身意外伤害保险和养老金保险等 130 余种。涉外业务有海洋货物运输保险、远洋船舶保险、石油天然气开发保险、建筑安装工程保险、投资保险、利润损失保险、核电站保险等近 80 种。中国人民保险公司在补偿自然灾害和意外事故所造成的经济损失，从而保障社会生产的顺利进行，安定人民生活，增加人民福利，为国家建设积累资金等方面，都发挥着重大的作用。

9. 中国国际信托投资公司

中国国际信托投资公司简称中信公司，是工贸结合、技贸结合、金融与投资和外贸结合的公司，是利用外资从事生产、技术、金融、贸易、服务等全方位综合性的经济实体，是国务院直接领导的社会主义企业集团。它的任务是通过吸收和运用外资，引进先进技术和管理经验，开展对内、对外经济合作，从事国际国内金融活动，办理国内外投资业务，进行国内外贸易等。

中信公司成立于1979年10月，总部设在北京。其直属子公司有：中信兴业公司、中信贸易公司、中信实业银行、中信房地产公司、中国国际经济咨询公司、保利科技有限公司、中信天津工业发展公司、中信香港集团、嘉华银行（香港）、西林公司（美国）、中信澳大利亚公司、中信加拿大公司等。中信公司在东京、纽约、法兰克福、巴黎等地设有代表处。中信公司及其子公司均为企业法人。

中信公司的权力机构是董事会，董事长、副董事长由国务院任命，常务董事、董事由董事长聘任，并报国务院备案。董事长受国务院委托，在董事会闭会期间负责公司的全面工作。中信公司设监事会，首席监事、副首席监事由国务院任命。

中信公司办理和经营的业务包括：从事国内外投资业务，开展多种形式的经济合作；从事新技术开发、推广及风险投资；从事国际、国内金融业务和对外担保业务，在国内外独资或合资开办银行、财务公司；在国内外发行和代理发行各种有价证券；经营国内外租赁业务；承办外商在华投资安全等保险业务，经营国际保险及再保险业务；经营国际、国内贸易；开展国际工程承包、分包及劳务输出业务；经营房地产业务，开展旅游服务；为国内外客户提供信托、咨询和承办其他代理业务等。

国际经济组织知多少

1. 国际货币基金组织

这是一个国际性的金融组织。1945 年 12 月 27 日正式成立，1947 年 11 月 15 日成为联合国的专门机构，它的总部设在美国首都华盛顿。

这个组织的主要任务是：促进国际货币合作；促进国际贸易的扩大和均衡增长；帮助稳定汇率；向成员国提供短期资金，以解决其国际收入不平衡时对外汇的需要；等等。

世界上大部分国家参加了这个组织，我国是创始会员国之一。这个组织的基金来源主要是由会员国按规定份额交纳，投票权和借款权的大小也由份额的多少来确定。这样，谁出钱多，谁的投票权就大，谁就有可能控制这个组织。

国际货币基金组织的最高权力机构是理事会，由会员国财政部长或中央银行行长及同级的官员担任正理事，理事会每年 9 月召开一次。理事会的大

部分职权交由 22 名执行董事组成的董事会执行。董事会的成员，由美、英、法、德、日、沙特各指派一人，我国也单独选派一名，其余成员分地区选出。执行董事会设总裁一名，负责处理日常工作。

这个组织还同世界银行一起设立了发展委员会，讨论和建议向发展中国家提供或转移实际资源等问题。

2. 世界银行

世界银行也叫国际复兴开发银行，成立于 1945 年 12 月 27 日。1946 年 6 月 15 日开始营业，1947 年 11 月 15 日起成为联合国的一个专门机构，总行设在美国华盛顿，巴黎、纽约、伦敦等地有办事处。

世界银行的主要任务是：促进用于生产事业的投资，协助会员国进行经济的复兴和建设，包括恢复蒙受战争损害的经济，从战时经济平稳地过渡到平时经济；以"担保私人贷款"等方式，促进私人国外投资；促进会员国国际贸易的平衡发展和国际收支的平衡，协助会员国提高生产能力；派遣调查团到借款的发展中国家进行考察，并对借款运用情况实行监督。它的资金来源有：实收资金；发行债券筹集资金，这是主要资金来源；将贷款等项的债权转售给私人投资者。

凡申请加入世界银行的国家或地区，首先必须是国际货币基金组织的会员国，其会员已有 140 多个国家和地区。1980 年 5 月 15 日，世界银行正式决定恢复我国在该行的代表权。从 1981 年 6 月起，我国已开始向该行借款。

世界银行的最高权力机构是理事会，由各会员国派正副理事各一名组成，每年 9 月与基金组织联合召开年会。执行董事会由 22 人组成，负责办理日常业务。执行董事会选出主席一人，兼任行长，任期为五年，可连任。

3. 经济合作与发展组织

经济合作与发展组织简称"经合组织"。它是资本主义国家组成的一个国际经济协调组织，成立于 1961 年 9 月 30 日。它的前身是 1948 年 4 月成立的欧洲经济合作组织。这一组织的宗旨是：帮助成员国政府制订促进经济和社会福利发展的政策，并在成员国之间，对这些政策进行广泛的协调，借以促进整个经合组织地区的经济和社会福利事业的发展。它还鼓励成员国对发展中国家实行援助。

最初参加这一组织的有奥地利、比利时、加拿大、法国、德国、意大利、英国、美国等 20 多个国家。

经合组织的最高权力机构是理事会，由每个成员国派一名代表组成，负责处理该组织总政策的各项问题并做出决定。理事会会议分两种：一是部长级会议，通常每年举行一次并选举经合组织主席。二是常驻代表会议，在部长级会议休会期间举行，由经合组织秘书长任主席。此外，还设有执行委员会和秘书处。执行委员会负责理事会议的筹备工作，秘书处在理事会闭会期间负责处理日常事务。经合组织还设有 200 多个专业委员会和工作小组，如经济政策、工业、教育等委员会和南北经济事务与商品小组等。在它的周围还设有核能机构、发展中心、国际科技信息中心等独立或半独立的机构。它的总部设在巴黎。

4. 欧洲经济共同体

欧洲经济共同体也叫欧洲共同体（西欧共同市场）。它是由欧洲主要资本主义国家组成的经济和政治集团。1957 年 3 月，法国、德国、意大利、荷兰、比利时、卢森堡在罗马签订了《建立欧洲经济共同体条约》，1958 年 1 月 1 日正式成立。英国、丹麦、爱尔兰、希腊、西班牙和葡萄牙也先后参加了这一组织，成员已有近 20 个国家。

欧洲经济共同体的经济实力相当雄厚，各成员国合作的国内生产总值与美国不相上下，占世界总产值的 22.1%，对外贸易和黄金外汇储备总额均名列世界前茅。

共同体的宗旨是：通过共同市场的建立，加强各成员国在经济上的联合，对内实行共同的经济政策，消除关税壁垒，实行市场自由化，使共同体内经济均衡增长；对外采取一致的态度，增强与其他强国竞争的能力，提高在世界经济和政治中的地位。共同体自成立到 1968 年 7 月，基本上实现了对内取消工业品关税和限额、对外实行共同关税率和共同贸易政策的目标。20 世纪 70 年代以来，在经济一体化基础上，积极推动政治一体化，强调在国际事务中"用一个声音说话"。1992 年 11 月 1 日，关于欧洲一体化的《马斯特里赫特条约》开始生效，宣告"欧洲联盟"诞生。

共同体的主要机构有部长理事会、委员会、欧洲议会、欧洲法院，此外还定期举行成员国外长或首脑会议。

这个组织于 1975 年与我国建立了正式关系，1978 年缔结中国欧洲经济共同体贸易协定，1981 年给我国以贸易最惠国待遇。

5.七十七国集团

七十七国集团是由 77 个发展中国家和地区组成的国际性组织。发展中国家为了维护本国权益，反对帝国主义剥削和掠夺，在 1964 年第一届联合国贸易和发展会议期间，77 个发展中国家和地区发表了《七十七国联合宣言》，从此组成了"七十七国集团"。此后，七十七国集团成员不断增多，现在已增加到近130个国家和地区，但仍沿用七十七国集团的名称。

这个组织的宗旨是在参加全球性国际经济会议之前，成员国协调立场，商讨共同对策，表达发展中国家的共同愿望。七十七国集团成立以来，先后发表了不少宣言和纲领，积极争取和改变发展中国家在国际事务中的无权地位，使发展中国家能更充分更有效地参与国际事务的决策过程。在经济上，它们积极要求改变世界经济中生产、消费和贸易格局，打破发展中国家同发达国家在不平等基础上形成的经济关系，建立公正合理的国际分工。它曾呼吁联合国通过新的国际发展战略纲领，发表重开全球性南北对话的联合公报。七十七国集团是国际经济领域中反帝、反殖、反霸的重要力量。

七十七国集团没有总部和常设机构，也无其他固定的专门机构，只有两个活动中心，分设在纽约和日内瓦。

6.石油输出国组织

这是第三世界一些石油生产国为协调各国石油政策、维护共同经济利益、反对国际石油垄断资本的控制和剥削而成立的国际性组织。它成立于1960年9月14日。现在成员国有伊拉克、伊朗、科威特、沙特阿拉伯、委内瑞拉、阿尔及利亚、阿拉伯联合酋长国等10多个，总部设在维也纳。

这个组织的主要宗旨是：协调和统一成员国的石油政策，维护各成员国的利益，设法确保国际市场石油价格的稳定；确保生产国获得稳定的收入，

有效地节约地正常向需油国家供应石油，并使它们在石油业的投资中得到公平的收入。它的最高权力机构是石油输出国组织大会，又称"部长级会议"，

每年至少开会两次。另设专门机构经济委员会，协助协调国际石油价格。

石油输出国组织的成员国原油出口量占世界原油总出口量的80％以上。这个组织自成立以来，通过协调成员国的石油政策，采取集体行动，打破了西方石油垄断资本长期主宰石油的局面，维护了自身的石油权益，并且利用石油收入从经济上支持和援助广大发展中国家。

7.亚洲开发银行

亚洲开发银行简称"亚行"。它是区域性的政府间国际金融组织，1966年12月正式开始营业。

"亚行"的成员：一是联合国亚太经社委员会的成员和准成员；二是联合国及其专门机构的亚太地区其他国家和非亚太地区的发达国家。1986年3月10日，我国正式成为该行的成员。

亚行的业务活动宗旨是：向本地区的发展中国家提供贷款和技术援助，促进本地区的经济发展和合作。主要业务有项目贷款、技术援助、股票投资、共同投资。它的资金分为普通资金和特别资金两种。普通资金主要是各成员认缴的股本和通过借款筹集的资金。实缴股本分期缴付，每期交付一定比例的黄金或可兑换货币和本国货币。待缴股本仅在该行为偿还其借款或担保金时方向成员催缴。借款是用发行债券的方式，从国际资本市场上筹集。

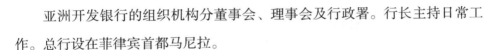
亚洲开发银行的组织机构分董事会、理事会及行政署。行长主持日常工作。总行设在菲律宾首都马尼拉。

8. 关税及贸易总协定

关税及贸易总协定是关于关税和贸易政策的国际性多边协定。它的宗旨是在国际贸易中降低关税,减少贸易壁垒。1947 年由 23 个国家在日内瓦签订,现在已经发展为重要的国际经济组织。

关税及贸易总协定缔约国的义务主要包括:各国分别进行双边关税减让谈判,减让的关税率列入一个总表,总表内的减让税率对缔约国一律适用;一个缔约国向另一个缔约国提供的关税减让以及进出口方面的优惠、特权等,应当无条件地立即给予其他缔约国;一个缔约国的商品进入另一个缔约国市场,在销售、购买、运输、分配或使用等方面得到的待遇,不得低于这个国家本国产品所享受的待遇;缔约国不得对进口商品的数量实行限制;缔约国之间出现矛盾,要进行广泛的磋商。同时,为了使缔约国之间的矛盾不致引起总协定的破裂,关税及贸易总协定又做出许多规定,比如优惠关税、禁止数量限制的例外、发展中国家例外等,使各项义务在特定条件下可以得到变通处理,但结果是使矛盾变得更加错综复杂。

关税及贸易总协定在 1960 年产生了缔约国代表理事会,通过召开例会处理日常事务。1979 年又设立了"十八国咨询组",负责协调与国际货币基金组织的活动等。此外,还设有"贸易和发展委员会"和"国际贸易中心"等重要的常设专门机构,专门研究同发展中国家利益有关的贸易问题,为发展中国家扩大出口免费提供有关信息、传授推销技术、训练专门人才等。关税及贸易总协定不是联合国所属的专门机构,而是联合国的联系机构。

中国是关税及贸易总协定的创始国之一。

什么是农村家庭联产承包责任制

　　家庭联产承包责任制是合作经济的一种形式。就是把乡村集体所有的土地，由农户按家庭口粮需要和农业劳动力强弱等条件分别承包。农户在承包的土地上自主经营，种植计划要符合集体的安排，生产所得除缴足农业税、完成国家任务和某些必要集体管理费用外，都由自己支配。

　　实行家庭联产承包责任制，土地仍归集体所有；农户的生产经营活动虽分散进行，却与集体生产息息相关；农民不准出卖承包的土地，也不准毁坏或移作建房之用。这是当前适合中国农村大多数地方生产力水平的一种经济形式。

　　家庭联产承包责任制还有待于进一步的发展和完善，主要是两个方面：一是农户分散经营中有许多独家独户无法解决的问题，需要有适当的组织为他们妥善解决，因此要兴办一些集体的生产服务性事业，真正做到分户经营有利的就分，统一经营有利的就在自愿基础上统一起来。二是现在土地分散到户经营，各家各户经营规模小，机械化、现代化的进程受到影响，因此要提倡适度规模经营，使土地的经营权逐步向种田能手集中。这两个方面的发展和完善，都要在有利于调动农民的社会主义生产积极性、有利于发展农业生产和实现农业现代化的前提下，根据农民的意愿，有步骤地展开。

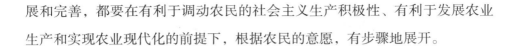 什么是承包制、股份制和租赁制

承包制、股份制、租赁制都是我国经济管理体制改革中出现的企业经营管理方式。

承包制也叫承包经营责任制，就是国家主管企业的经济机关对原来由它直接管理的企业，经过与企业的厂长或经理签订承包经营合同，把经营权转归给企业，使其能够独立自主地进行生产和经营。企业实行承包经营责任制，其生产资料的所有权和经营权就分离了。所有权与经营权的分离，是对旧体制管理企业方法的改革。实行承包制可以充分调动企业的领导者和广大职工生产和经营的积极性。

股份制是一种财产所有制的组织形式。它是以入股方式把分散的、属于不同所有者的生产要素集中起来，统一使用、合理经营、自负盈亏、按股分红的一种经济组织形式。它一般采取股份公司的经营形式，这是股份经济的典型形式。股份制是与商品经济相联系的。股份制按参股者的经济成分，可分为全民所有制股份制、集体所有制股份制和私有股份制等。

租赁制是把"租赁"和"经营"有机结合起来，形成一个整体的组织形式。它是在生产资料所有权不变的情况下，由生产资料所有者（一般是国家）将生产资料（如工厂、企业和商店的全部财产）的占有权、使用权、经营权在一定时期内有偿出租给承租者自主经营的一种经营形式。

什么是三资企业

　　三资企业是中外合资经营企业、中外合作经营企业和外商独资企业的简称，是中国利用外资的主要形式。

　　中外合资经营企业是中外两个以上的合伙人投资建立的股权式有限责任公司，是独立的法人。参与经营的各方按各自的投资额，对本企业的债务承担责任，并分享利润，分担风险和亏损。

　　中外合作经营企业又称契约式合营企业，它在法律地位和组织形式上与中外合资经营企业基本相同，但在具体做法上有所不同。开办时，中方一般只以土地使用权投资，外方以实物或现金投资；不以货币计算来确定各方的股权比例，各方的权利、义务和利润分配份额等，由各方协商一致后写进合同；企业盈利按合同规定在各方之间进行分配，亏损一般由外方承担，以其股资额为限；合同期满或提前解散时的剩余财产，均无偿归属中方。

　　外商独资企业，指依照中华人民共和国有关法律，在中国境内设立的全部由外商投资的企业。它的特点是：除土地外，企业投资全部为外国投资者私有，没有中国投资者参股；独立经营，没有中方参与经营管理；自负盈亏，经营收入按中国有关税收的规定纳税后，完全归外方投资者所有和支配。

　　兴办三资企业是实行对外开放的具体形式，它对于引进资金、技术和管理经验，发展对外贸易，促进中国经济的发展有重要意义。

什么是股份公司

　　股份公司是通过发行股票的形式，把分散的货币资本集中起来而建立和经营的企业。它是适应社会化大生产的要求而产生和发展起来的。因为随着生产力的发展，企业的规模趋于增大，开办一个大企业所需要的巨额资本，单个或合伙的资本家很难筹集到。而通过股份公司的形式，很快就可以把分散在社会上的货币资本集中起来，形成巨额的股份资本，从而促进经济的发展。

　　在股份公司中拥有股份并领取股息的收入者称为股东。股份公司通常分为无限公司和有限公司两种，股东对公司债务分别承担无限责任和有限责任。前者是指股东对公司的债务负有无限清偿责任，不受所认购股金的限制。后者是指股东对公司的债务所负的责任，只以他所认购的公司股金为限，不涉及另外的私人资产。由于股票可以在证券市场上自由买卖，所以股份公司的股东是经常更换的，但由于股东不能退出股金，所以股东的变化不影响股份公司的经营。在资本主义国家，开放型的大公司股东人数众多，有的多达几百万，遍及世界，但分散的小股东对公司的经营活动不起作用。

　　随着经济体制改革的深入和向市场经济的过渡，我国也出现了股份制企业。1984年7月建立的北京天桥百货股份有限公司，是第一家由全民所有制企业发展而成的股份公司。现在，中国股份制企业的类型包括：企业间以各种生产要素参股形成的联合型股份制企业；企业原有资产核股和职工个人投股构成的股份制企业；在社会上广泛发行股票吸引投资者而组成的股份制企业。

实践证明，发展社会主义股份制企业，可以广泛地动员和集中社会闲散资金，形成较大的生产和经营能力，发展国民经济，而且有利于企业转换经营机制，增强企业活力，同社会主义市场经济体制相适应。

 # 什么是股票

股票是向股份公司投资而拥有股份资本所有权并借以定期取得收入的凭证。它是有价证券的主要形式之一。股票上一般要写明：公司名称、设立登记的日期、每股金额、发行股数、发行日期等。

股票的持有人称为股东。股东凭股票定期从股份公司取得的收入称作股息，又称股利。股份公司通常是在年终结算后，将盈利的一部分作为股息，按股票的份额分配给股东。股票按股东权利分为优先股和普通股。优先股在股息和剩余财产分配上优先，并且股息事先确定，不以企业的利润状况为转移。普通股的股息通常是在支付优先股的股息之后，根据剩下的利润额来确定，因而是不固定的，在企业亏损时便得不到股息。根据是否写有股东姓名，股

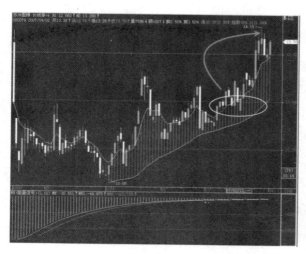

票还可分为记名股票和无记名股票。记名股票在转让时须向公司办理过户手续。股票只是对投入股份公司的实际资本的所有权证书，只是代表取得收益的权利，是对未来收益的支取凭证。它同实际资本相分离，只是间接地反映实际资本运动的状况，所以是一种虚拟资本。

股票本身没有价值，但由于它能够给持有者带来股息收入，所以，股票可以作为买卖的对象和抵押品，具有价格。买卖股票实际上是一种股息收入凭证的转让，是一种权利的转移。买卖股票通常在证券交易所进行。证券市场上的股票价格称股票行市。股票价格不取决于股票的票面金额，而是直接受到股票市场供求状况的影响。但是，从根本上影响和确定股票价格的两个基本因素是：预期股息和银行利息率。所以，股票价格＝预期股息 ÷ 利息率，它同预期股息的多少成正比，同银行存款利息率的高低成反比。

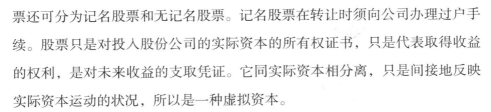

什么是债券

债券是表明债权、债务关系的一种凭证。它证明持券人有按约定的条件取得利息和到期收回本金的权利。债券主要包括公司债券和公债券。

公司债券是由公司发行的借款凭证。债券持有人是公司的债权人，但无权参与公司的管理。公司债券一般都有期限，到期公司偿还本金，赎回债券，并按事先规定的利率付给持券人利息。公司债券的种类很多，按是否记名，可分为记名债券和无记名债券；按有无抵押品，可分为抵押债券和信用债券；还有可以兑换发行公司股票的可兑换债券，发行者有权提前偿还的可赎债券，

由第三者担保还本付息的保证债券，由第三者代为还本付息的承担债券，利息随发行者收益多少而定的收益债券，利息部分固定、部分随公司收益变动的分息债券，等等。

公债券是由政府发行的债务凭证。有的公债券上附有息票，债券持有人可按期领取利息，称作分次取息债券；有的公债券没有息票，到期按票面金额计算还本付息，称作一次取息公债券。由中央政府发行的公债券为国家公债券，由地方政府发行的为地方公债券。

●●●●●●● 什么是证券交易所

证券交易所是买卖公司债券、公债券和股票等有价证券的市场。早期的证券交易所交易对象主要是公债券，后来，随着股份公司的广泛发展，股票和公司债券成为证券交易所的主要交易对象。

证券交易所的业务分为两类：一类是现货交易，也就是用现款买卖证券；另一类是期货交易，也就是在成交后的一定时期才进行结算，但结算时所依

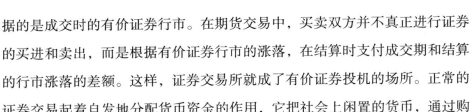
据的是成交时的有价证券行市。在期货交易中，买卖双方并不真正进行证券的买进和卖出，而是根据有价证券行市的涨落，在结算时支付成交期和结算的行市涨落的差额。这样，证券交易所就成了有价证券投机的场所。正常的证券交易起着自发地分配货币资金的作用，它把社会上闲置的货币，通过购买有价证券，分配到社会经济的各个部门作为长期投资。但证券投机也会造成经济运行状况的假象。

现在，纽约、伦敦、巴黎、法兰克福、苏黎世、东京、中国香港等地都设有国际性的证券交易所。中国在上海和深圳等地设有证券交易所。

什么是现货交易和期货交易

现货交易又称现货买卖，是指买卖成交后卖方立即付货收款，或者先付货延期收款的一种交易方式。一般说来，小额的批发、零售交易都属于现货交易。在现货市场上，零售企业的现货交易一般采取一手交货一手收款、银货两清的方式。批发企业的现货交易，除了采取一手交货一手收款的方式外，还采取通过银行收款付款、在限期内结算的方式。

期货交易又称期货买卖，是指事先通过签订合同或协议而达成交易，并约定一定日期后交货的交易方式。在期货市场上从事

交易的一般是大宗商品的批发贸易。通过期货市场的合同交易，买方可以得到稳定的货源，卖方有可靠的销路保证，对稳定市场、发展生产都是有利的。期货市场的出现是市场经济发展的要求，它对克服由现货交易供求变动而造成价格频繁波动的问题，稳定供销关系有较大的作用。但是，期货市场也会出现投机者买空卖空从中牟利的现象。

信用是什么

在经济活动中，信用是指借贷活动，是以偿还为条件的价值运动形式。它主要表现在商品交换和货币流通中，债权人有条件地赊销商品或贷出货币，债务人按约定的日期偿付货款或偿还借款，并支付利息。

信用是存在于商品货币关系下的经济形式，并不是某个社会所特有的经济现象。最古老的信用形式是高利贷信用，它产生于原始社会末期，在奴隶社会和封建社会中成为基本的信用形式。在资本主义社会和社会主义社会，信用主要表现为借贷资本和信贷资金的运动形式。

信用的主要形式有：商业信用、银行信用、国家信用和消费信用。商业信用是在商品买卖中，企业之间采取赊销方式，实行延期付款而互相提供的信用；银行信用是银行以贷款的方式提供的信用；国家信用是以国家为一方

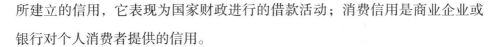

所建立的信用，它表现为国家财政进行的借款活动；消费信用是商业企业或银行对个人消费者提供的信用。

信用不仅可以聚集资金，实现资金的合理流动，促进经济的发展，而且是调节国民经济的有效手段。

借用卡有什么作用

信用卡是消费信用的一种形式，是银行或其他专门机构发行的消费信贷凭证。持卡人凭卡到指定的商店、旅馆等处购买商品或支付劳务费用，不必支付现金，只要在有关单据上签字即可。商店、旅馆等凭持卡人签过字的单据向发卡单位的结算中心收款，结算中心按期向持卡人结算。部分信用卡还可以透支小额现金。

信用卡携带方便，又可赊购，因而在发达国家发行数量不断增加。由于流通范围很广，有的已成为跨国的信贷工具。为了适应经济发展的需求，我国的部分银行也开始发行信用卡，并办理信用卡国际的兑付业务。

支票有什么作用

支票是存款户向银行签发的，要求从其活期存款账户上按一定金额付款的凭证。凡是在银行开立支票存款账户的，银行给予空白支票簿，存款户可以在存款的数额内签发支票，银行按照票面上签注的金额付款给指定人或持票人。

　　现在，许多国家广泛采用的支票主要有：按支付期限划分的即期支票和定期支票。即期支票要求银行见票立即付款；定期支票写明付款日期，银行在支票到期时付款。按支票是否记名，可分为记名支票和不记名支票。记名支票要求银行只对支票上指定的人付款，不记名支票允许银行对支票的任何持有人付款。按是否支付现金，可分为现金支票和转账支票。对现金支票，银行必须支付现金，转账支票只能用于转账。在中国，支票是向银行或信用合作社提取现金或办理转账结算的一种凭证，现金支票和转账支票都有明确的使用范围。

<table>
<tr><td colspan="2">招商银行 支票 CHINA MERCHANTS BANK</td><td>BG 02</td></tr>
<tr><td>出票日期(大写)　　年　　月　　日</td><td>付款行名称：</td></tr>
<tr><td>收款人：</td><td>出票人帐号：</td></tr>
</table>

人民币（大写）　　　　　　　亿仟百十万千百十元角分

用途_____

上列款项请从我帐户内支付　　　　　科目(借)................

出票人签章　　　　　　　　　对方科目(贷)................

复核　　记帐

本支票付款期限十天

××公司　广东省

　　运用支票进行货币结算，可以减少货币的流通量，节约流通费用，有利于经济的运行。但如果出现了企业倒闭、银行破产，支票不能兑现，对生产和流通的正常进行也会造成不良影响。

什么是保险

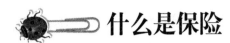

人们在生产和生活的过程中，难免发生意外，如房屋、财物被大火焚毁，船舶遇大风浪而沉没，汽车在行驶中撞伤行人，这些都将给社会各方面带来不同程度的经济损失。人们要求对这种损失能获得补偿，保险就是适应这一需要而产生的一种经济补偿制度。

在我国，经营保险业务的保险人一般是各地的保险公司。保险公司能从众多要求保险的被保险人那里收取一定的保险费，建立起一笔保险基金。当少数被保险人因自然灾害或意外事故造成经济损失时，根据合同规定给予补偿，或者对个人因死亡或丧失工作能力给予物质保证。被保险人只要支付一笔小量的固定的保险费，就可获得对不可预料的大额损失的补偿。

保险通常分为财产保险和人身保险两大类。财产保险是以物质财产为保险对象的保险，如火灾保险、运输保险等；人身保险是以人身为保险对象的保险，如人寿保险、人身意外伤害保险。参与保险的，一方为保险人，另一方为被保险人，双方订立保险契约（合同），被保险人按契约规定对保险人支付保险费。保险费一般按年支付，保险费数额根据保险金额、保险费率等计算决定。我国各地的保险公司，对保险费都有具体规定，被保险人按规定的收费标准支付保险费，保险人按契约（合同）规定的责任范围对

被保险人或受益人（如人身保险中的被保险人死后，保险的经济补偿由其亲属得益）负损失补偿或物质保证的责任。

在中国，保险事业由国家办理，除负责补偿损失外，还要配合有关部门对各种灾害和意外事故采取预防措施，以减少和预防事故的发生。我国开设的保险有：火灾保险、物资运输保险、企业和机关的财产强制保险、团体或个人的人身保险、旅客意外伤害强制保险等。

保险有利于灾害事故的预防和损失的减少，有利于资金的积累，有利于生产的持续进行和人民生活的安定，是一件利国利民的好事。

什么是经济合同

经济合同是直接发生经济关系的当事人，为实现一定的经济目的，明确相互权利义务而订立的协议，它是建立正常的社会经济秩序的重要手段。

经济合同的种类很多：按经济活动方式划分的有产品购销合同、建设工程承包合同、加工承揽合同、货物运输合同、供用电合同、仓库保管合同、财产租赁合同、借款合同、财产保险合同、科技合作合同等；按合同的有效时间划分的有长期的、短期的和临时的合同。经济合同的内容和实施，必须符合国家法律的规定和政策的要求，必须贯彻平等互利、协商一致和等价有偿的原则。

订立经济合同要求当事人具有合法资格，具备合法的程序和健全的手续。除了即时结清者外，必须采取书面形式，当事人各方在经济合同和有关的文件上签字或加盖法人印章。经济合同的条款应主要包括：货物、劳务、工程

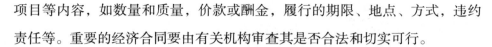

项目等内容，如数量和质量，价款或酬金，履行的期限、地点、方式，违约责任等。重要的经济合同要由有关机构审查其是否合法和切实可行。

经济合同依法成立后，即具有法律效力，当事人必须全面履行。在履行过程中，如因客观条件的变化而难以履行，经当事人协商，可以变更或解除。违反经济合同，要追究当事人的违约责任，向对方支付违约金；如果给对方造成的损失超过违约金，要赔偿不足的部分；如果对方要求继续履行合同，则应继续履行。违约情节严重的直接责任者，还要受到法律制裁。

1981 年 12 月，中国颁布了经济合同法，对经济合同的原则，各类合同的订立和履行，合同的变更和解除，违反合同的责任，合同纠纷的调解和仲裁以及国家对经济合同的管理，都做了全面、具体的规定。

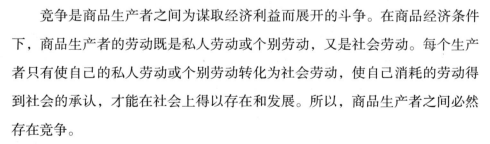

什么是竞争

竞争是商品生产者之间为谋取经济利益而展开的斗争。在商品经济条件下，商品生产者的劳动既是私人劳动或个别劳动，又是社会劳动。每个生产者只有使自己的私人劳动或个别劳动转化为社会劳动，使自己消耗的劳动得到社会的承认，才能在社会上得以存在和发展。所以，商品生产者之间必然存在竞争。

竞争，首先表现在生产同类商品的生产者之间。因为各个生产者的体力、技术、工具等生产条件不同，生产同样一件商品的个别劳动时间不同。但是，商品的价值是由社会必要劳动时间决定的，商品是按价值出售的。所以，每

个生产者都力图改进技术、改善工具，缩短个别劳动时间，并在市场上降低商品的价格，以便取得有利地位，战胜对手。其次，竞争还表现在生产不同类但可以相互代替的商品的生产者之间，比如煤炭生产者和石油生产者之间，铁路运输经营者和公路运输经营者之间。虽然生产和经营的内容不同，但可以相互代替，所以他们成为竞争对手。为了在竞争中取胜，他们不仅要改进技术，改善管理，提高产品和服务的质量，降低价格，而且要寻找时机，打入对方的生产和经营领域，争取主动。另外，竞争还表现在不同部门的生产者之间。因为在不同的部门，生产和经营条件以及供求状况不同，生产者和经营者的收益状况存在着差异，为了得到更多的收益，他们会在经营项目上做出新的选择，形成社会劳动在不同部门之间的竞争，所以就形成不同部门的生产者之间的竞争。此外，在生产者和经销者之间，卖者和买者之间以及社会化生产条件下的就业者之间，都存在着竞争。竞争体现在社会经济生活的各个领域、各个方面，但是，竞争必须在法律规定的范围内展开，违反法律规定和社会生活基本准则的竞争是不允许的。

竞争可以促进技术进步，提高劳动生产率，而且可以调节社会资源在全社会范围内的分配，实现经济的协调发展。

什么是招标和投标

招标和投标是选定和争得承办权的一种方式，二者互为对应，缺一不可。

招标是指主办人在买卖大宗商品、开辟建设项目或合作经营某项业务之前，公开邀请承办人开出价目单和其他指标，择日当场开标，以便择优选定承办人的行为。通常，招标人要事先将图样、材料、货样对外公布，并公开发出招标通告，提出招标条件，根据招标人填报的投标书，从中选定中标人。

投标是指承办人根据招标条件，估算价格，开列清单，填写投标书，交寄主办人，并等候开标，决定能否中标的行为。有投标资格的承办人，要根据招标条件，在规定的期限内向招标人填报、交寄投标书，争取中标。一般说，投标中报价太高，会由于失去竞争力而不能中标；报价太低，会使投标者减少收益，甚至会使招标者认为不具备可能性而失去中标机会。投标人在中标之后，可以按规定的条件对部分商品或工程项目进行二次招标，实行分包转让。

通过招标和投标，在项目经营中引入竞争机制，有利于选定优秀承办人，节约费用，加速技术进步和促进经济发展。

什么是拍卖

　　拍卖又称竞买，是出卖者通过专门的机构，在规定的时间和地点，以一定的规则，采取公开竞购的办法，把商品出售给出价最高的买者的贸易方式。它是现场一次即确定成交的实物交易。

　　拍卖分自愿和强制两种，前者是物品所有者自愿将物品委托拍卖行代为拍卖；后者是物品所有者因破产或其他原因，物品被强制拍卖。拍卖交易中的商品大多规格复杂，品质不易标准化，而且比较分散，如农畜产品、旧货、古玩、艺术品、技术成果等。

　　按照拍卖规则，参加拍卖的物品必须预先存入拍卖行仓库，进行挑选、分类、分批，由拍卖行根据物品情况编印拍卖目录，并在拍卖前公开陈列。

　　确定成交的具体做法是现场叫价，叫价分上增和下减两种。上增叫价是先由拍卖人喊一最低价，然后由竞买人争相加价，直到无人再加价时，拍卖人便以击槌成交的方式，将物品卖给出价最高的买主；下减叫价是先由拍卖人喊一最高价格，如无人购买，便逐渐落价，直到有应声的买主时，拍卖人便以击槌的方式表示成交。购得货物的人应在规定的期限内向拍卖行交款、提货。拍卖行要向物品卖方收取佣金。

什么是破产

　　破产是指企业或个人在其全部财产不足以清偿所欠债务时，法院根据债务人或债权人的申请，将其财产或其变卖所得分配给债权人的过程。

　　债务人破产由法院宣告。被宣告破产的债务人要提出财产状况说明书和债权人、债务人清册，其财产由法院指定的清算人保管。各债权人应在一定期限内向清算人申报其债权，由清算人确定破产人的资产负债额，并对其财产进行清算。清算后的全部财产，依法律规定的顺序和比例，归还给债权人。

经过破产程序清理债务之后，债权人未能得到清偿的数额，债务人不再负担清偿责任。

　　为了使各债权人对其债务人的财产获得平等的清偿权利，保护双方的利益，各国专门设立了有关破产的法律。虽然各国破产法的编制体例不同，但都是关于破产申请、宣告、债务清偿、债权人债务人和解等方面的法律规范。

1986年12月2日,《中华人民共和国企业破产法（试行）》公布。实施破产法，对保障债权人和债务人的合法权益，减轻国家负担，维护社会经济活动的正常进行都有着重要作用。

走私包括哪些行为

走私是违反国家对外贸易管理、进出口物品管理和关税管理规定，非法运输、携带、邮寄货物、金银、货币、票据、有价证券和其他物品进出境，逃避海关监管，偷漏关税，以及在国内私自买卖经海关特准或减免税放行而无权出售的进口货物的行为。

具体来说，走私行为包括：未经国务院或国务院授权的机关批准，从没有设立海关的地点运输、携带国家禁止进出境的物品、国家限制进出口或者依法应当缴纳关税的物品进出境；经过设立海关的地点，通过藏匿、伪装、瞒报、伪报或其他手法逃避海关监管，运输、携带、邮寄国家禁止进出境的物品、国家限制进出口或者依法应当缴纳关税的物品进出境；未经海关许可并补缴关税，擅自出售特准进口的保税货物、其他海关监管货物或进口的运输工具；未经海关许可并缴纳关税，擅自出售特准减免税进口，用于特定企业、特定用途的货物，或者将这类货物擅自运往境内其他地区的行为。对于携带、邮寄违反海关法规的物品，但数量不多，不以出卖图利为目的的一般走私行为，一般由海关没收走私物品并罚款处理；对于以营利为目的，构成犯罪的重大走私行为，则要移交法院惩处。

为什么要依法纳税

国家根据法律规定，对经济单位和个人无偿征收的实物和货币，称为税收。它是国家凭借政治强制力，参与国民收入的分配和再分配，以取得物质财富的一种形式。税收在历史上又称赋税、租税、捐税等，是国家出现之后，为了维持它的公共权力而征收的。

在阶级社会中，国家是为统治阶级服务的政治机器，所以税收也具有阶级性。我国是实行人民民主专政的国家，税收的阶级性具体表现为税收的人民性，即取之于民，用之于民。在我国社会主义条件下，税收不但是国家财政收入的基本形式之一，使国家的经济建设、科学文化教育建设和政权建设有一个稳定的资金来源；而且，国家运用税率高低、减免优待等办法调节各种经济单位和个人的收入，达到鼓励先进、鞭策后进、调整经济结构和产业结构等目的，既鼓励一部分人依靠诚实劳动先富起来，又防止收入过分悬殊等不合理社会现象的出现。

依法纳税是每个公民应尽的义务。偷税、抗税是违法行为，情节严重的要受法律制裁。

什么叫国际收支

国际收支反映一个国家在一定时期从国外收进的全部货币资金和向国外支付的全部货币资金之间的对比关系，是国家在一定时期内（通常为一年）对外经济贸易往来的系统记录。

国际收支包括两个大项，即"经常项目"和"资本项目"。经常项目又称商品与劳务项目，商品项目是指商品的进出口额，劳务项目是指劳务的进出口额，包括保险费、运输费、手续费、利息、旅游费以及侨汇等方面的收入和支出；资本项目是指资本在国际流动的记录，从期限上可分长期资本项目和短期资本项目，从当事者可分为政府资本项目和个人资本项目。资本的输入称作收入，资本的输出称作支出。把资本项目和经常项目中所有的收入和支出进行比较，如果收支相等就称为"国际收支平衡"；如果收入总额大于支出总额，就叫作"国际收支顺差"；相反，就是"国际收支逆差"，或称"国际收支赤字"，一般要用外汇或黄金来偿付。

一个国家的国际收支出现顺差，就是在国际交往中有了盈余，说明这个国家商品的国际竞争力强，经济实力雄厚；同时，由于国际收支顺差带来的大量黄金和外汇收入，又会起到充实国库、稳定货币的作用。相反，国际收支出现逆差，就是国家对外欠债，需要动用国库的黄金、外汇储存来偿还，这势必导致货币贬值，增加经济的不稳定性。因此，人们常常把国际收支状

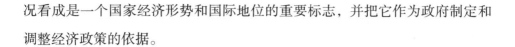
况看成是一个国家经济形势和国际地位的重要标志，并把它作为政府制定和调整经济政策的依据。

 # 什么叫海关和关税

海关是一个国家在沿海、边境或内地口岸设立的执行进出口监督管理的国家行政机构。海关根据国家法令，对进出口的货物、邮递物品、旅客行李、货币、金银、证券和运输工具进行监督检查、征税并执行查禁走私的任务。

海关一般设在沿海一带，内陆国家的海关设在陆路边境线上，通常各国也在内地特别是首都和大城市设立海关。海关管辖的领域为海关区域，其界限叫关境，关境是适用海关法令和有关章程的本国领土，是海关管辖和执行海关任务的领域。通常关境与国境相一致，但也存在关境小于国境或关境大于国境的国家，前者是指设有自由港、自由贸易区、保税仓库或出口加工区的国家，这些经济特区不在关境范围之内，后者是指建立关税同盟的国家，参加同盟的成员国之间取消关税，这些国家的领土成为统一的关境。

海关是随着国际贸易的发展而逐步建立和发展起来的。我国在对外开放的港口、边境火车站、国际联运火车站、国际航运站、国际邮包和邮件互换局、陆路边界和国界江河上准许货物和旅客进出的地点、经济特区以及其他特许

办理货物进出口手续的地方设立海关。国家设海关总署，直属国务院，统一管理全国海关机构和业务。

关税是海关根据国家公布的海关税则，对进出关境的物品所征收的税。按征收的对象，关税可分为进口税、出口税和过境税。根据国内国际的不同情况，国家可以对关税的税率、税种进行调整。

什么叫外汇和外汇汇率

国际的经济交往，要使用国际通用的并经双方商定的货币结算支付。外汇就是用于国际结算的外国货币和以外国货币表示的支付凭证、信用凭证。

外汇主要是指：外国货币，包括外国的钞票、铸币；外国有价证券，包括政府公债、公司债券、股票等；外国支付凭证，包括外国的票据、银行存款凭证、邮电储蓄凭证等。这些以外币表示的支付凭证和信用凭证，是用外国货币表示的债权，持有者有权凭它们向对方兑取外国货币。所以，它们同外国货币一样，是国家外汇的重要组成部分。外汇是国际经济交往的产物，也是国际经济交往的支付手段。为了顺利地进行国际贸易和金融往来，各国都必须保持一定量的外汇储备。现在，美元、欧元、日元、英镑、瑞士法郎被各国广泛地用作储备外汇。

一个国家的货币，折算成另一个国家的货币的比率或比价，称为外汇汇率。比如100元人民币可以兑换成多少美元，就是人民币对美元的汇率。国家银行要根据两国货币的实际购买力和供求状况，从有利于国际交往和发展本国经济出发，调整外汇汇率。

什么叫经纪人

市场上的洽谈和交易，既有买卖双方直接进行的，也有通过中间人进行的。为买卖双方充当中介的中间商人，称作经纪人。经纪人的收入主要是买卖双方支付的佣金。

经纪人可以分为一般经纪人和交易所经纪人。一般经纪人主要指受企业雇佣或委托的中间商人，他们按企业的要求推销商品或招徕顾客，除了获得佣金之外，还能获得一定数量的津贴；交易所经纪人是指按所在国交易所法的规定，取得一定资格，并向交易所缴纳保证金，才能代顾客进行买卖，取得佣金的中间商人。这种交易所经纪人的活动范围在不同的国家是不同的，但经纪人都要担负自己的买卖行为所引起的一切责任。

在市场经济广泛发展的条件下，经纪人作为商人的一个组成部分，不论在一般商品市场上，还是在证券市场上都是必要的。但是，必须要有相应的登记和税收制度，规范其经营范围，使之置于国家有关部门的管理之下。

什么叫商标和商标注册

在商店里出售的商品或商品的包装上，一般都有明显的标记，以便购买者能够很容易地同其他同类商品相区别，这种标记就是商标。

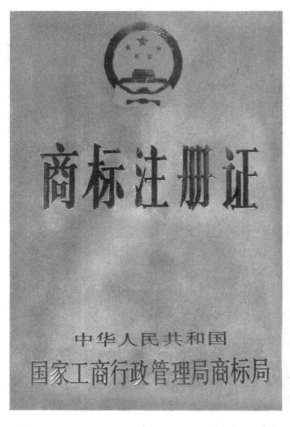

早期的商标一般是在商品上刻印工匠的姓名或作坊、行会的名称，后来才发展为由文字、图形、符号或者三者组合构成的商标。到了商品生产高度发达的资本主义社会，商标被广泛使用，它不仅是商品的标记，而且变成了商业竞争的工具。由于商标具有强烈的显示性和宣传性，能够区别不同生产者或经营者的商品，因此，商标可以帮助生产者在市场上树立自己的信誉，使自己的商品畅销；同时，商标可以帮助消费者识别不同质量的商品，也可以促使生产者保持和提高商品的质量，以维护商标的信誉，从而保护消费者的利益；另外，商标还是广告宣传的一个重要内容，它可以使消费者加深对商品的印象，没有使用过某种商品的消费者，通过商标容易对该商品形成印象，诱发购买的欲望。

商标在市场上的声誉是以商品的质量为基础的，是经过消费者长期的使用而树立起来的。商标关系到商品在市场上的地位和销路，从而影响到企业的经济效益。因此，一些生产和经营质量较差的商品的企业和个人，便开始假冒他人声誉好的商标谋利。为了维护商标的声誉，企业不仅要保证商品的质量，而且要对自己的商标享有专用权，以便能在国家法律的保护下，防止假冒，避免损失。

企业依法向主管部门申请商标专用权，将该商标载入特定的簿册，就称作商标注册。经过核准载入注册簿的商标，称为注册商标。商标注册人如果发现自己的商标被侵犯或假冒，可以向商标管理机关要求处理，或者向法院提出诉讼，要求排除侵害和赔偿损失。商标注册对保护注册人的利益，维护市场正常秩序，保护商品质量有重要作用。

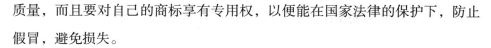

"经济"一词是怎么来的

"经济"一词，最早出于古希腊思想家色诺芬的《经济论》一书，意思是"家庭管理"。

我国最先使用这个词是隋《文中子·礼乐篇》中的"经济之道"，含义为"经纶济世""经国济民"，相当于现在的"政治"。19世纪下半叶，日本人把"经济"二字指为财政经济，并传入我国。当时，"经济""理财""生计"等各种译法相持不下，直到辛亥革命后，在孙中山先生的肯定下，才确定用"经济"这种译法。据现有材料，首先用此词的是1908年朱宝绶翻译美国人麦克凡所著的《经济学原理》。

我们现在所说的"经济"的含义，比过去要广泛得多，主要的含义有三个：一指生产、交换、分配、消费等活动；二指社会的经济基础，即生产关系的总和；三指节约、算账等。

"食"、"货"概念是怎么来的

　　"食"和"货"这两个概念，最早出现在《尚书》中的《洪范》篇。《洪范》说："八政，一曰食，二曰货"。以后《汉书》的《食货志》解释说："食谓农殖嘉谷可食之物，货谓布帛可衣，及金、刀、龟、贝，所以分财布利通有无者也。二者，生民之本。……食足货通，然后国实民富，而教化成。"以后，《唐六典》对"食""货"做了法典式的解释："肆力耕桑者为'食'，钱帛之属谓'货'"。一般认为，"食"指农业生产，"货"主要指农家副业布帛的生产与货币。

什么是"小康"

　　"小康"是中国历史上对于理想社会的一种称谓。

　　"小康"一词出于《礼记·礼运》篇。它假托孔丘的话说："今大道既隐，天下为家。各亲其亲，各子其子，货力为己。大人世及以为礼，城郭沟池以为固，礼义以为纪；以正君臣，以笃父子，以睦兄弟，以和夫妇，以设制度，以立田里，以贤勇知，以功为己。故谋用是作，而兵由此起。禹、汤、文、武、成王、周公，由此其选也。此六君子者，未有不谨于礼者也。以著其义，以考其信，著有过。刑仁讲让，示民有常。如有不由此者，在势者去，众以为殃，是为小康。"

1980 年 2 月，邓小平同志批判地借用了"小康"这个概念，在《目前的形势和任务》一文中说："到本世纪末，争取人均国民生产总值达到一千美金，算个小康的社会。"

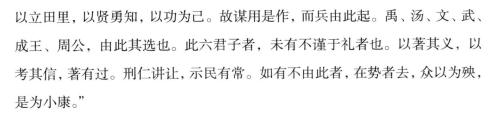

什么是"大同"

"大同"是中国历史上对于理想社会的一种称谓，相当于西方的"乌托邦"。

"大同"一词出于《礼记·礼运》篇。《礼运》大约作于战国末期或秦、汉之际，它假托孔丘的话说："大道之行也，天下为公，选贤与能，讲信修睦。故人不独亲其亲，不独子其子，使老有所终，壮有所用，幼有所长，鳏、寡、孤、独、废疾者皆有所养；男有分、女有归。货，恶其弃于地也，不必藏于己；力，恶其不出于身也，不必为己。是故谋闭而不兴，盗窃乱贼而不作，故外户而不闭，是谓大同。"

《礼运》篇中的"大同"思想，特别受到先进人物的重视。太平天国农民起义领袖洪秀全，曾用"大同"来表达贫苦农民反对封建土地所有制和封建剥削压迫，要求按小生产者绝对平均主义原则来组织"天国"社会经济生活的空想；康有为的《大同书》是害怕革命的资产阶级改良派对资本主义制

度的理想化；孙中山的"大同"，实质上是把"平均地权""节制资本"等资产阶级民主革命的纲领、措施，说成是社会主义性质的，幻想能通过这些办法来防止资本主义，实现社会主义。

"社会主义"一词所由何来

　　"社会主义"一词源出于拉丁文，原意是喜好社交的、同伙的、集体的。早在18世纪末，有人就使用"社会主义"一词。1803年意大利传教士贾科莫·朱利阿尼写的《驳社会主义》一文，把社会主义看成是上帝安排和自然界继承下来的一种传统的社会制度。1822年罗伯特·欧文的一位通信者爱德华·科珀第一次用英文使用"社会主义"这个术语。1827年11月罗伯特·欧文的信徒主办的《合作杂志》上，第一次使用"社会主义者"一词，指主张财产公有制的人。1832年法国的乔西叶尔在圣西门派主办的《地球》期刊上，把"社会主义"解释为人与人之间的有组织的联系。1834年圣西门派活动家比埃尔·勒鲁发表了《论个人主义与社会主义》一文，雷诺又同时发表了《论改革派和现代社会主义》一书。从此，"社会主义"一词在欧洲广为流传。1840年欧文在他的《社会主义或理性社会制度》一书中也采用了"社会主义"一词。

　　"社会主义"一词在我国的使用是从日本流传进来的。1870年日本学者加藤弘之出版了《真正政府的原理》一书，首次用日文使用"社会主义"一词。1878年，福地源一郎在6月6日《东京每日新闻》上发表《邪说之危害》一文，首次用汉字译出社会主义。在中国最早使用"社会主义"一词的是梁启超，

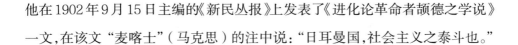

他在1902年9月15日主编的《新民丛报》上发表了《进化论革命者颉德之学说》一文，在该文"麦喀士"（马克思）的注中说："日耳曼国，社会主义之泰斗也。"

"社会主义初级阶段"提法是怎么来的

马克思早在《哥达纲领批判》一书中预见到，共产主义社会要分第一阶段和高级阶段，列宁发展了马克思的这一思想，明确指出有"初级形式的社会主义"，也有"发达的社会主义"，但是，明确提出"社会主义初级阶段"这一概念的是我国。

1981年中国共产党十一届六中全会通过的《中国共产党中央委员会关于建国以来党的若干历史问题的决议》中明确指出：我国社会主义制度还处于初级阶段。这是社会主义初级阶段理论的首次提出，但当时未多作阐释。其后，这个论断又在1982年党的十二大报告和1986年十二届六中全会通过的《关于社会主义精神文明建设指导方针的决议》中两度被提出，并且加了一些阐述。1987年3月，当时的一位领导人在会见莫桑比克解放阵线党代表团时说，中国现处于社会主义的初级阶段，我们的政策要符合这种情况，我们现在制定的改革、开放、搞活的政策，就是基于这样的考虑；其后，在一次会议上的讲话中，他又进一步强调，社会主义初级阶段这个论断非常重要，如何把这个问题阐述清楚，对发挥社会主义制度的优越性，对我们制订正确的改革方案和经济发展战略，建设具有中国特色的社会主义，都将起着重要的指导作用，既可以避免右，也可以避免"左"。在党的十三大的报告中，社会主义初级阶段的论断得到了全面深刻的阐述。

法律常识

FALÜ CHANGSHI

什么是法律

　　法律是反映统治阶级意志、由国家制定或认可并以国家强制力保证实施的行为规则的总和，是保护、巩固和发展有利于统治阶级的社会关系和社会秩序、实现阶级专政的工具。"法律"既指由国家制定或认可并由国家强制力保证实施的行为规范，即通常说的"法"，也指国家立法机关制定的规范性文件，如宪法、刑法、民法、婚姻法等等。

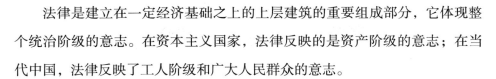

法律是建立在一定经济基础之上的上层建筑的重要组成部分，它体现整个统治阶级的意志。在资本主义国家，法律反映的是资产阶级的意志；在当代中国，法律反映了工人阶级和广大人民群众的意志。

法律有两个显著的特征：一是由国家制定和认可的，二是以国家强制力来保证实施的。

法律不是从来就有的，它是人类社会发展到一定阶段上的产物，它的产生同阶级社会的出现有着密切的联系，原始社会没有国家和法律。自原始社会解体以后，随着生产力的发展、社会制度的更替，产生了奴隶制类型法律、封建制类型法律、资产阶级类型法律和社会主义类型法律。

在我国，据说夏代就有了法典，到了战国时期，魏文侯相李悝编纂了《法经》，分为：盗法、贼法、囚（网）法、捕法、杂法、具法六篇。这是我国最早的法典，成了后世封建法典的蓝本。以后又有《秦律》《汉律》《唐律》以至《大清现行刑律》和国民党政府的《六法全书》等法律集成。当然所有这些都是代表剥削阶级意志的法律，只有新中国建立以后，才有了代表广大人民利益的社会主义法律。

 # 法律与道德有什么不同

法律和道德都是社会规范的重要组成部分。在阶级社会中，善与恶、美与丑、正义与非正义、光荣与耻辱等，各个阶级都有自己的标准，所以，道德和法律一样，具有鲜明的阶级性。

道德与法律，既有相同之处，又有不同之处。它们之间有着密切的联系：

第一，法律和道德作为社会规范，都是通过对人们行为的约束或鼓励，要求人们应该做什么，不应该做什么，具有指导人们怎样行为的作用；第二，法律和统治阶级道德有着共同的阶级本质和共同的目的；第三，统治阶级的道德观念和法律意识往往互相渗透，必要时，统治阶级往往把自己的道德标准直接确认为法律规范。

法律与道德的不同在于：第一，法律是阶级社会所特有的社会现象，是一定历史阶段的产物；道德则存在于人类社会发展的始终，是任何社会都不可缺少的意识形态和行为准则。第二，法律是统治阶级经过国家制定或认可的，并由国家强制力保证执行的，所以任何国家只能有一个法律体系；而道德则是人们在社会生活中，经过长期实践自然形成的，通常靠社会的舆论、传统习惯的力量和人们的信念来维持。第三，道德规范所调整的范围要比法律所调整的范围广泛，它不仅对触犯法律的行为评判，而且对许多法律不加干涉的行为也评判其是非、善恶。道德涉及人们社会生活的方方面面，深入到人们的精神世界。

总之，法律和道德既有密切的联系，又有显著的区别。统治阶级不仅要运用法律，还要运用道德等其他社会规范来维护社会关系和社会秩序。

法律有哪些分类

法律是国家权力机关制定的行为规范的总和。法律按照它的表现形式，可以分为以下几个类别：

国内法和国际法。国内法是指国内的权力机关制定的或认可的法律，如宪法、刑法、民法，在国内实行；国际法是国家之间形成的用以调整国家之间关系的法律，主要由国际条约和国际社会公认的惯例构成。

根本法和普通法。根本法主要指宪法，规定国家、社会、公民的根本问题或其他特别重大的问题，具有最高的法律效力；普通法指宪法以外的其他法律，是依据宪法的规定或宪法精神制定的。

实体法和程序法。实体法是规定人们之间权利和义务的法律，如民法、刑法、经济法、行政法、婚姻法、继承法等；程序法是规定有关实现权利和履行义务所需程序或手续的法律，如刑事诉讼法、民事诉讼法、行政诉讼法等。

成文法和不成文法。成文法是指由立法机构制定，以规范化的文字形式表现出来的法律，如宪法、刑法、民法等；不成文法是指不经过通常的立法程序成立的，不具有成文法那种文字表现形式的法律，如习惯法。

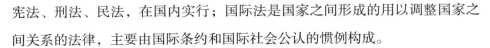

什么是法律制裁

法律制裁，是特定的国家机关对应负法律责任的违法者依法所采取的惩罚措施。

法律制裁分刑事制裁、民事制裁和行政制裁。刑事制裁是国家对于违反刑法的犯罪者，依其应承担的刑事责任所给予的刑事惩罚；民事制裁是国家对违反民事法规的当事人依其应负的民事责任所给予的制裁，如赔偿损失、排除侵害、返回原物、恢复原状等；行政制裁是指国家机关、企事业组织对于违反行政管理法规的人依其应负的行政责任所给予的制裁。

为什么要坚持"法律面前，人人平等"的原则

法律确认和保护公民在享有权利和承担义务上处于平等的地位，不允许任何人有超越法律之上的特权。

"法律面前，人人平等"的观点，早在古希腊时代就曾经提出过，但作为法制的一个重要原则，是在资产阶级革命时期提出来的。1776 年 7 月 4 日美国的《独立宣言》和 1789 年 8 月 26 日法国的《人权宣言》都提及了这一原则。资产阶级确立这一法制原则，是对封建等级特权的否定，在人类社会发展史上是巨大的进步。但是，资产阶级的法律是建立在私有制基础之上的，它的所谓的法律上的平等，掩盖着实际存在的人们经济上和社会地位上的不平等；而社会主义法律是建立在公有制基础上的，因此，我国在宪法中明确规定了"公民在法律面前一律平等"这一基本原则，反映和集中了广大人民群众的意志和利益，使人民群众作为国家主人的地位得以确立，从而决定了我国人民群众不仅在形式上，而且可以在事实上做到"法律面前，人人平等"。

社会主义法制的基本原则是什么

"有法可依，有法必依，执法必严，违法必究"，是社会主义法制的基本原则。

有法可依是确立和实现社会主义法制的前提，有法必依是社会主义法制的中心环节，执法必严和违法必究是社会主义法制的切实保证。因此，国家制订了法律，就必须依照法律办事。它要求一切国家机关、政党、社团、企事业单位、武装力量和所有公民，在各项活动中都要依法办事，不得违背法律规定。

在执行法律时必须严格、严肃，做到认真、准确，执法如山，不冤枉一个好人，不放纵一个坏人；要忠于事实，忠于法律，以事实为根据，以法律为准绳。无论什么人，只要犯了法，就要依法处理，不徇私情，铁面无私，在法律面前毫不含糊。

对于一切违法行为都必须追究法律责任，绝不能随便放过，真正做到"王子犯法，与民同罪"，绝不允许任何组织和个人享有超越于法律之外、凌驾于法律之上的特权。只有这样，才能维护法律的尊严，维护法律的极大权威，才能有效地打击敌人，惩罚犯罪，保护人民，保卫社会主义。也只有这样，才能以儆效尤，预防和减少犯罪。

国际法有哪些内容

从广义上说，国际法包括国际公法、国际私法。现在通常称国际公法为国际法，它是各国公认的并且在国际关系中对所有国家具有法律约束力的行为规范的总称。

国际法的主体主要是主权国家，它是权利与义务的承担者，而不是自然人和法人，国际法由国际条约和国际惯例构成，没有统一的立法机关和强制执行机关，而是由各国在平等的基础上协商制定，并依靠国家本身的行动予以实施。

远古时没有国家，自然也没有国际法。随着私有制和阶级的产生，形成了国家。国家之间建立了各种各样的关系，于是逐渐形成了国际法。随着资本主义的产生和发展，国际法愈来愈显示出它在国际交往中的作用。

国际法形成的主要渊源是国际条约和国际惯例，其他如国际组织的决议、国际的判决、各国国内立法、国内法院的判决和国际法专家的主张等，也可作为国际法形成的渊源。

国际私法，是调整涉外民事法律关系的规范的总称。国际私法调整的是国际私法关系，也就是涉外民事法律关系，如涉外所有权关系、涉外债权债务关系、涉外遗产继承关系、涉外民事诉讼关系以及不属于民法范围的涉外婚姻家庭关系等。这些规范一般都规定在国内立法中。

我国目前虽没有制定统一的国际私法，但在中外合资企业法等许多法律、条例中，已经规定了不少调整涉外民事法律关系的规范。

国际法的基本原则是什么

　　互相尊重国家主权和领土完整，互不侵犯，互不干涉内政，平等互利，和平共处，民族自决等，是国际法的基本原则。其中，国家主权原则是这些基本原则的核心。

　　互相尊重主权和领土完整，是国际法最重要的原则之一。国家不论大小，不论社会制度，也不论经济、文化的发展水平，都应当互相尊重他国的主权和领土完整。

　　互不侵犯是指每个国家都不得使用武力或用武力威胁侵犯他国。

　　互不干涉内政，是指任何国家不得为了自己的利益去干涉他国的内外事务，不准以任何手段强迫他国接受自己的意识形态或政治制度。

　　平等互利的原则，包括平等和互利两方面的内容。所谓平等，就是国家不分大小、强弱一律处于平等地位，在交往中都不应谋取特权；所谓互利，就是任何国家在处理国际事务中，应对当事国双方都有利，不能损害他国的利益，否则就谈不上互利，也谈不上平等。

　　和平共处的原则，是国与国之间要使用和平手段发展互助关系，不应采取损害和威胁国家之间和平关系的行为。

　　民族自决原则，即民族自决权，是指被奴役、被压迫的民族有自由决定自己命运、摆脱殖民统治、建立民族独立国家的权利。

　　所有这些都体现了国家主权原则。即国家固有的独立自主处理国内和国际事务而不受他国干涉和限制的最高权力。

为什么说宪法是国家的根本大法

　　宪法是国家的根本大法，是国家的"总章程"。宪法规定了国家的根本制度和根本任务、国家的基本政策、公民的基本权利和义务、国家机构等。

　　宪法是由国家最高权力机关通过特定的程序制定的。具有最高的法律效力，是其他一切法律的基础和依据，因此又称"母法"，其他法律为"子法"。

　　我国宪法明确规定："我国各族人民、一切国家机关和武装力量、各政党和各社会团体、各企业事业组织，都必须以宪法为根本的活动准则，并且负有维护宪法尊严、保证宪法实施的职责。"其他一切法律、行政法规和地方法规都不得同宪法相抵触，否则一律无效。

　　宪法的修改，必须由全国人民代表大会常务委员会或者五分之一的全国人民代表大会的代表提议，并由全国人民代表大会以全体代表的三分之二以上的多数通过，方能生效。

什么是公民

公民通常指具有一国国籍的自然人。我国宪法明确规定，凡是具有中华人民共和国国籍的人都是中华人民共和国公民。

公民是一个法律的概念，它和"人民"这一概念有所不同。中华人民共和国公民不仅包括工人、农民、知识分子以及其他拥护社会主义的爱国者、拥护祖国统一的爱国者，也包括极少数剥削分子和敌对分子。也就是说，公民不仅包括全体人民，也包括那些依法被剥夺了政治权利的人。依照法律被剥夺了政治权利的人，虽然不能享有公民的某些权利（主要是选举权和被选举权），但仍然是中华人民共和国公民。

公民是国家的主人，它既享有公民的权利，又承担公民的义务。

宪法规定公民的基本权利，是国家应承担的给予确实保障的义务，任何单位和个人都不能违法剥夺或侵害。任意剥夺和侵害公民的权利的行为是违法的行为，要追究法律责任。凡是宪法规定的公民义务，国家有权要求公民履行，甚至可以采取强制手段。

公民的基本权利有哪些

根据我国宪法规定，我国公民享有七个方面的基本权利。

第一，政治权利和自由方面。包括公民有选举权和被选举权；公民有言论、出版、集会、结社、游行、示威的自由；公民对于任何国家机关和国家工作人员，有提出批评和建议的权利；对于任何国家机关和国家工作人员的违法失职行为，有向有关国家机关提出申诉、控告或者检举的权利；由于国家机关和国家工作人员侵犯公民权利而受到损失的人，有依法获得赔偿的权利。

第二，宗教信仰自由。宪法要求，任何国家机关、社会团体和个人不得强制公民信仰宗教或者不信仰宗教，不得歧视信仰宗教的公民和不信仰宗教的公民。国家保护正常的宗教活动，同时规定，任何人不得利用宗教进行破坏社会秩序、损害公民身体健康、妨碍国家教育制度活动；宗教团体和宗教事务不受外国势力的支配。

第三，人身自由权利。包括人身自由不受侵犯，人格尊严不受侵犯，住宅不受侵犯，通信自由。

第四，社会经济权利方面。包括：公民有劳动的权利和义务，劳动者有休息的权利，公民在年老、疾病或者丧失劳动能力的情况下，有从国家和社会获得物质帮助的权利。

第五，文化教育权。公民有受教育的权利和义务，有进行科学研究、文学艺术创作和其他文化活动的自由。

第六，妇女、婚姻、家庭，母亲和儿童受国家的保护。包括：妇女在政治上、经济上、文化上、社会和家庭生活等各方面享有同男子平等的权利；禁止破坏婚姻自由，禁止虐待老人、妇女和儿童。

第七，国家保护华侨的正当权益，保护归侨和侨眷的合法权益。

公民的基本义务有哪些

宪法规定，我国公民的基本义务有：

第一，维护国家统一和各民族团结的义务。

第二，遵守宪法和法律，保守国家秘密，爱护公共财产，遵守劳动纪律，遵守公共秩序，遵守社会公德的义务。

第三，维护祖国安全、荣誉和利益的义务，不得有危害祖国安全、荣誉和利益的行为。

第四，保卫祖国、抵抗侵略是每个公民的神圣职责，公民有依法服兵役和参加民兵组织的义务。

第五，依法纳税的义务。

第六，夫妻双方有实行计划生育的义务，父母有抚养教育未成年子女的义务，成年子女有赡养扶助父母的义务。

我国主要有哪些法律法规

1. 行政法

行政法是国家行政机关工作的法律依据，它是规定国家各个方面行政管理的行政法规的总称。

行政法调整的对象主要是国家行政机关之间以及国家行政机关同企事业单位、社会团体和公民之间的行政关系。行政法主要包括：关于国家行政管理活动的任务、内容、原则、方式和方法；国家行政机关在国家机构中的法律地位和作用；各种行政机关的职权范围及义务；国家行政机关的设立、变更和撤换的程序，以及它们之间相互的关系。行政法规定了企事业单位和社会团体在国家管理活动中维护自己合法权利和履行行政法规的义务，以及违反行政法规时应承担的责任。行政法规在国家行政管理中具有最高的效力，其他一切行政规章、决定、命令、指示、通知，不得与它相抵触，否则无效。

违反行政法要受行政制裁，这是法律制裁的一种。行政制裁分为行政处罚、行政处分和劳动教养三大类。行政处罚包括警告、罚款、行政拘留、没收、停止营业五种；行政处分又称纪律处分，对国家工作人员的纪律处分有警告、记过、记大过、降级、降职、撤职、留用察看、开除八种；劳动教养是行政制裁的重要方法之一，它是对被劳教人员实行强制性教育改造的一种措施，也是对他们安置就业的一种方法。

行政法规，包括治安管理条例、交通、财政、税收、土地法、环境保护法、森林法、兵役法、防疫、食品卫生法等许多方面。

2.刑法

刑法是规定什么行为是犯罪和对犯罪者适用哪种刑罚的法律规范，是统治阶级实现阶级专政的重要工具。

我国刑法分总则和分则两编。总则部分规定了刑法的指导思想、任务、适用范围、犯罪的特征、刑罚的种类以及适用刑罚的一般原则；分则部分具体规定了10种主要犯罪，危害国家安全罪，危害公共安全罪，破坏社会主义市场经济秩序罪，侵犯公民人身权利、民主权利罪，侵犯财产罪，妨害社会管理秩序罪，危害国防利益罪，贪污贿赂罪，渎职罪，军人违反职责罪。并规定了各种犯罪构成的必要条件，以及适用何种刑罚。

刑法还规定了主刑和附加刑两类。主刑有管制、拘役、有期徒刑、无期徒刑、死刑五种；附加刑有罚金、剥夺政治权利、没收财产三种。对于犯罪的外国人，可以独立适用或者附加适用驱逐出境。

3.刑事诉讼法

刑事诉讼是国家司法机关在当事人及其他诉讼参与人的参与下，依照法定的程序，揭露犯罪、证实犯罪、确定被告人的行为是否构成犯罪，并依法给予犯罪人以应得惩罚的活动。

比如，某村路旁发现一具男尸，公安机关就此案立案侦查，经过一系列侦查活动，证明了犯罪分子是某人，这时公安机关将案件情况及收集的证据材料报请人民检察院批准逮捕，人民检察院再经过进一步对案件查证核实后，向人民法院提起公诉，人民法院对案件进行严格的审理后，做出正确的判决，判决结果，由司法机关执行。

根据我国刑事诉讼法的规定，刑事诉讼程序包括立案、侦查、起诉、审判、执行等几个阶段。

刑事诉讼法是根据统治阶级的意志，规定司法机关与诉讼参与人进行刑事诉讼活动所必须遵守的行为规则的法律。

4.民法

民法是一个国家用以调整平等主体的公民之间、法人之间、公民和法人之间范围一定的财产关系和人身非财产关系的法律规范的总称。

所谓财产关系就是指人们在物质资料的生产、分配、交换和消费过程中所形成的经济关系，它包括商品（产品）流通关系、遗产继承关系等；所谓人身非财产关系，是指与特定的人的身份不可分离而又没有直接财产内容的那些社会关系，它在法律上表现为姓名权、名誉权、著作权、发明权等关系。

民法的内容很多，它规定了公民和法人在法律上所应有的地位，享有哪些民事权利和承担哪些民事义务，民事法律行为和代理、诉讼时效和适用范围等。

民法涉及的面极为广泛，它关系到国家的经济建设和公民的衣、食、住、行等各个方面。所以，一个公民可以一生不触及刑律，但未必不涉及民法。

我国已陆续颁布了大量单行民事法规，制定了一批民事的或者与调整民事关系有关的经济合同法、涉外经济合同法、专利法、商标法、婚姻法、继承法等。为就民事活动中的共同性问题做出法律规定，1986年又颁布了《民法通则》。

5.民事诉讼法

民事诉讼，就是人民法院在双方当事人和其他诉讼参与人参加下，依照法律审理和解决民事案件的活动。民事诉讼法就是国家为调整在民事诉讼活动中的各种关系而制定的法律规范的总称。

民事诉讼法是一种程序法，它规定民事诉讼的步骤、方法、原则、制度以及民事案件的起诉、受理、调解、审判、上诉、执行等程序，就像生产时需要有章可循的操作和规程、工艺流程一样。

我国《民事诉讼法》体现了我国民事诉讼制度的社会主义性质。它的基本结构是：查明案件事实，分清是非，正确运用法律，及时审理民事案件，确认民事权利义务关系，制裁民事违法行为，保护国家、集体和个人的民事权益，教育公民自觉遵守法律，从而维护和巩固社会主义的经济制度，促进社会主义现代化建设。

6.经济法

经济法是调整一定经济关系的法律规范的总称。我国经济法是规定国家机关、社会组织和其他经济实体在国民经济管理和经营协作过程中的地位、经济法规的准则，以及调整它们之间所发生的一定的经济关系的法律规范的总和。

经济法规一般包括以下内容：制定各项经济法规的目的和意义、指导思想；调整各方面经济法规应遵守的基本原则、管理体制、主体及其职能、任务、权利、义务和相互关系；劳动组织、收益分配、财政管理、经济合同、信贷结算关系、经济活动的程序和方法，以及检查监督的制度；经济责任与奖励制度等。

在经济法的内容中，经济合同法是一个重要组成部分，它是法人之间为实现一定经济目的，明确相互权利义务关系的协议。

随着国民经济的发展，越来越多的经济社会关系和经济准则需要用法律形式固定下来，经济法对完善社会主义经济制度起着日益重要的作用。

7.婚姻法

婚姻法是调整人们婚姻、家庭关系的法律规范的总称。它规定婚姻家庭关系的基本原则，结婚的条件和程序，夫妻、父母、子女之间的权利和义务，离婚的原则和财产处理等问题。

婚姻法是伴随着现代文明而出现的法律，在古代社会，无论是中国还是外国都没有独立的婚姻法。我国婚姻法规定的原则是实行婚姻自由、一夫一妻、男女平等以及保护妇女、儿童、老人的合法权利和实行计划生育。它规定，男女双方必须在完全自愿而达到法定婚龄的情况下才能结婚，即男不早于22周岁，女不得早于20周岁；同时规定，直系血亲及三代以内的旁系血亲、患麻风病未经治愈或患其他在医学上认为不应当结婚的疾病者禁止结婚；还规定，要求结婚登记的男女双方必须亲自到结婚登记机关进行婚姻登记。

婚姻法在规定结婚条件和程序的同时，还规定了离婚的原则和程序。如果男女双方自愿离婚的，应向婚姻登记机关申请，领取离婚证；如果男女中一方坚持离婚，另一方坚持不离，则应先进行调解，调解无效，人民法院以"感情是否破裂"为原则，依法判决离婚或不予离婚。

婚姻法的实施，为人民建立美满幸福的婚姻家庭提供了保障。

8. 兵役法

我国宪法规定，保卫祖国、抵抗侵略是每一个公民的神圣职责，依照法律服兵役和参加民兵组织是公民的光荣义务。兵役法规定，中华人民共和国公民，不分民族、种族、职业、家庭出身、宗教信仰和教育程度，都有义务依照法律规定服兵役；有严重生理缺陷或者严重残疾不适合服兵役的人，免服兵役；依照法律被剥夺政治权利的人，不得服兵役。

我国兵役分现役和预备役。在中国人民解放军服现役的称现役军人；编入民兵组织或者经过登记服预备役的称预备役人员。

兵役法对征集、服役、预备役训练、学校军训、战时兵员动员、军人优待、

退役安置等都做了明确的规定。

兵役法规定，每年12月31日以前年满18岁的男性公民，应当被征集服现役，当年未被征集的，在22岁以前，仍可以被征集服现役。根据军队需要，可以征集上述年龄的女性公民服现役。有服兵役义务的公民拒绝、逃避兵役登记的，应征公民拒绝、逃避征集，预备役人员拒绝、逃避军训的，经教育不改，基层人民政府应当强制其履行兵役义务。

在战时，预备役人员拒绝、逃避征召或者拒绝、逃避军训，情节严重的，要按照惩治军人违反职责条例的有关规定处罚。

9.未成年人保护法

这是1991年9月七届全国人大常委会通过的，专门保护未满18周岁的公民合法权益的法律。内容包括家庭保护、学校保护、社会保护、司法保护、法律责任等七章共五十六条。

"家庭保护"章规定：父母或者其他监护人应当依法对未成年人履行监护职责和抚养义务，不得虐待、遗弃；不得歧视女性或残疾的未成年人；禁止溺婴、弃婴。必须使适龄未成年人按照规定接受义务教育。应当预防和制止未成年人吸烟、酗酒、流浪以及聚赌、吸毒、卖淫。不得允许或迫使未成年人结婚，不得为未成年人订立婚约。

"学校保护"章规定，学校应当依据国家的教育方针，对未成年人进行全面教育和生活指导，应当关心、爱护学生；对品行有缺点、学习有困难的学生，应当耐心教育帮助，不得歧视；学校不能随意开除未成年学生。不得对未成年学生和儿童实施体罚、变相体罚或者其他侮辱人格尊严的行为。不得使学生在危及人身安全、健康的校舍和其他教学设施中活动。任何组织和个人不得扰乱教学秩序，不得侵占、破坏学校的场地、房屋和设备。

"社会保护"章中特别规定：博物馆、纪念馆、影剧院、体育场、动物园等，应当对中小学生优惠开放。营业性舞厅等不适宜未成年人活动的场所，不得允许未成年人进入。严禁向未成年人出售、出租或者以其他方式传播淫秽、暴力、凶杀、恐怖等毒害未成年人的图书、报刊、音像制品。

在法律责任方面，还专门规定，教唆未成年人犯罪的，要依法从重处罚。

10. 治安管理处罚条例

《治安管理处罚条例》是我国为加强治安管理，维护社会秩序和公共安全，保护公民的合法权益，保障社会主义现代化建设的顺利进行而制定的行政管理法规。在《治安管理处罚条例》中按照行为危害的性质和侵害对象，规定了对扰乱公民秩序、妨害公共安全、侵犯公民人身权利、损害公共财产、违反交通管理、违反户口管理、妨害公共卫生或市容整洁等情节轻微、尚不够刑事处分的违法行为，进行必要的处罚。

治安管理处罚条例对违反治安管理的处罚作了规定，具体分为三种：警告、罚款和拘留。除此，还对违反治安管理行为和对其进行的处罚、裁决与执行程序等都做了明确的规定。

什么是犯罪

我国刑法第十三条规定：一切危害国家主权、领土完整和安全，分裂国家、颠覆人民民主专政的政权和推翻社会主义制度，破坏社会秩序和经济秩序，侵犯国有财产或者劳动群众集体所有的财产，侵犯公民私人所有的财产，侵犯公民的人身权利、民主权利和其他权利，以及其他危害社会的行为，依照法律应当受刑罚处罚的，都是犯罪，但是情节显著轻微危害不大的，不认为是犯罪。

故意犯罪与过失犯罪的异同何在

明知自己的行为会发生危害社会的结果，并且希望或者放任这种结果发生，因而构成犯罪的，是故意犯罪。故意犯罪应当负刑事责任。

应当预见自己的行为可能发生危害社会的结果，因为疏忽大意而没有预见，或者已经预见而轻信能够避免，以致发生这种结果的，是过失犯罪行为。过失犯罪法律有规定的才负刑事责任。

 # 什么是正当防卫

为了使国家、公共利益、本人或者他人的人身、财产和其他权利免受正在进行的不法侵害，而采取的制止不法侵害的行为，对不法侵害人造成损害的，属于正当防

卫，不负刑事责任。

正当防卫明显超过必要限度造成重大损害的，应当负刑事责任，但是应当减轻或者免除处罚。对正在进行行凶、杀人、抢劫、强奸、绑架以及其他严重危及人身安全的暴力犯罪，采取防卫行为，造成不法侵害人伤亡的，不属于防卫过当，不负刑事责任。

什么是共同犯罪

共同犯罪是指两人以上共同故意犯罪。

组织、领导犯罪集团进行犯罪活动的或者在共同犯罪中起主要作用的，

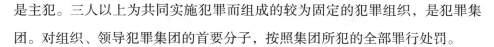

是主犯。三人以上为共同实施犯罪而组成的较为固定的犯罪组织，是犯罪集团。对组织、领导犯罪集团的首要分子，按照集团所犯的全部罪行处罚。

在共同犯罪中起次要或者辅助作用的，是从犯。对于从犯，应当从轻、减轻处罚或者免除处罚。

对于被胁迫参加犯罪的，应当按照他的犯罪情节减轻处罚或者免除处罚。

教唆他人犯罪的，应当按照他在共同犯罪中所起的作用处罚。教唆不满18周岁的人犯罪的，应当从重处罚。

我国刑法所规定的主要罪名有哪些

一、危害国家安全罪

危害国家安全罪包括：勾结外国，危害中华人民共和国的主权、领土完整和安全的；组织、策划、实施分裂国家，破坏国家统一的；组织、策划、实施武装叛乱或者武装暴乱的；组织、策划、实施颠覆国家政权，推翻社会主义制度的；以造谣、诽谤或者其他方式煽动颠覆国家政权、推翻社会主义制度的；投敌叛变的；国家机关工作人员在履行公务期间，擅离岗位，叛逃境外或者在境外叛逃，危害中华人民共和国国家安全的；参加间谍组织或者接受间谍组织及其代理人的任务的；或为敌人指示轰击目标，危害国家安全的；战时供给敌人武器装备、军用物资资敌的。

二、危害公共安全罪

危害公共安全罪包括：放火、决水、爆炸、投毒或者以其他危险方法破坏工厂、矿场、油田、港口、河流、水源、仓库、住宅、森林、农场、谷场、牧场、重要管道、公共建筑物或者其他公私财产,危害公共安全的；放火、决水、爆炸、投毒或者以其他危险方法致人重伤、死亡或者使公私财产遭受重大损失的；破坏火车、汽车、电车、船只、航空器，足以使火车、汽车、电车、船只、航空器发生颠覆、毁坏危险的；破坏轨道、桥梁、隧道、公路、机场、航道、灯塔、标志或者进行其他破坏活动，足以使火车、汽车、电车、船只、航空器发生颠覆、毁坏危险的；破坏电力、燃气或者其他易燃易爆设备，危

害公共安全的；破坏交通工具、交通设施、电力设备、燃气设备、易燃易爆设备的；组织、领导和积极参加恐怖活动组织的；以暴力、胁迫或者其他方法劫持航空器、船只、汽车的；破坏广播电视设施、公用电信设施，危害公共安全的；非法制造、买卖、运输、邮寄、储存枪支、弹药、爆炸物的；盗窃、抢夺枪支、弹药、爆炸物的；违反枪支管理规定，非法持有、出租、出借枪支，或者丢失枪支不及时报告的；非法携带枪支、弹药、管制刀具或者爆炸性、易燃性、放射性、毒害性、腐蚀性物品，进入公共场所或者乘坐公共交通工具，危及公共安全的；铁路职工违反规章制度，致使发生铁路运营安全事故，造成严重后果的；工厂、矿山、林场、建筑企业或者其他企事业单位的职工，由于不服管理、违反规章制度，或者强令工人违章冒险作业，因而发生重大事故的；明知校舍或者教育教学设施有危险，而不采取措施或者不及时报告，致使发生重大事故的；违反消防管理法规，经消防监督机构通知采取改正措施而拒绝执行，造成严重事故的。

三、破坏社会主义市场经济秩序罪

破坏社会主义市场经济秩序罪，分为以下八种：

一、生产、销售伪劣商品罪，即生产者、销售者在产品中掺杂、掺假，以假充真、以次充好或者以不合格产品冒充合格产品的。包括：生产、销售假药、劣药，对人体健康造成严重危害的；生产、销售不符合卫生标准的食品，足以造成严重食物中毒事故或者其他严重食源性疾病的；生产、销售不符合保障人身财产安全的国家标准行、业标准的电器、压力容器、易燃易爆产品等造成严重后果的；

生产、销售假农药、假兽药、假化肥、劣质种子，使生产遭受较大损失的；生产、销售不符合卫生标准的化妆品，造成严重后果的。

二、走私罪，包括：走私武器、弹药、国家禁止进出口的文物、黄金、白银和其他贵重金属或者国家禁止进出口的珍贵动植物及其制品；以牟利或者传播为目的，走私淫秽的影片、录像带、录音带、图片、书刊或者其他淫秽物品的；为走私罪犯提供贷款、资金、账号、发票、证明，或者为其提供运输、保管、邮寄或其他方便的，以走私罪的共犯论处。

三、妨害对公司、企业的管理秩序罪，包括：申请公司登记使用虚假文件，采取欺诈手段虚报资本，后果严重的；公司向股东隐瞒重要事实的财务报告、隐匿财产的；工作人员利用职务便利，索取、非法收受他人财物的；主管人员徇私舞弊，造成重大损失的。

四、破坏金融管理秩序罪，包括：伪造货币；出售、购买伪造的货币，数额较大的；伪造、变造、转让商业银行或者其他金融机构经营许可证的；非法吸收公众存款，扰乱金融秩序的；伪造、变造金融票证的；金融机构工作人员利用职务之便，索取他人财物或非法收受他人财物，或违反国家规定，收受各种名义的回扣、手续费，归个人所有的。

五、金融诈骗罪，包括：以非法占有为目的，使用诈骗方法非法集资，数额较大的；诈骗银行的贷款，数额较大的；伪造、变造、冒用汇票、本票、支票而使用的；进行信用卡诈骗的；伪造国库券以及保险诈骗等。

六、危害税收征管罪，包括：纳税人采取伪造、变造、隐匿、擅自销毁账簿、记账凭证，在账簿上多列支出或者不列、少列收入等手段，偷税、漏税、抗税、逃税，虚开、伪造增值税专用发票，骗取国家税款等。

七、侵犯知识产权罪，包括：伪造、擅自制造他人注册商标；冒用他人专利；侵犯著作权；侵犯商业秘密等。

八、扰乱市场秩序罪，包括：捏造并散布虚假事实，损害他人的商业信誉、商品声誉，给他人造成

重大损失的；广告主、广告经营者、发布者违反国家规定，利用广告对商品作假宣传，情节严重的；在签订合同或履行合同过程中，骗取对方当事人财物，数额较大的；违反国家规定，非法经营，扰乱市场秩序，情节严重的；伪造或者倒卖伪造车船票、邮票或者其他有价票证，数额较大的；违反土地管理法规，非法转让、倒卖土地使用权情节严重的。

四、侵犯公民人身权利、民主权利罪

包括故意杀人的；过失使人死亡的；故意伤害他人身体的；以暴力、胁迫或者其他手段强奸妇女、强制猥亵妇女或者侮辱妇女的；非法拘禁他人或者以其他方法非法剥夺他人人身自由的；绑架他人或者绑架他人作为人质的；拐卖妇女、儿童的；收买被拐卖的妇女儿童的；

以暴力、威胁方法阻碍国家工作人员解救被拐卖的妇女儿童的；捏造事实诬告陷害他人的；用人单位违反劳动管理法规，以限制人身自由方法强迫职工劳动，情节严重的；非法搜查他人身体、住宅或者非法侵入他人住宅的；以暴力或者其他方法公然侮辱他人或捏造事实诽谤他人，情节严重的；司法人员进行刑讯逼供的；监狱、拘留所、看守所等监管人员对被监管人员进行殴打或体罚虐待，情节严重的；煽动民族仇恨、民族歧视，情节严重的；国家

机关工作人员非法剥夺公民的宗教信仰自由和侵犯少数民族风俗习惯，情节严重的；隐匿、毁弃或非法开拆他人信件，侵犯公民通信自由权利的；邮政人员私自开拆或者隐匿、毁弃邮件、电报的；国家机关工作人员滥用职权、假公济私，进行报复陷害的；以暴力威胁、欺骗、贿赂、伪造选举文件、虚报选举票数等手段破坏选举或者妨害选民和代表自由行使选举权和被选举权，情节严重的；以暴力干涉他人婚姻自由的；有配偶而重婚的；明知是现役军人的配偶而与之同居或者结婚的；虐待家庭成员，情节恶劣的；对于年老、年幼、患病或者其他没有独立生活能力的人，负有抚养义务而拒绝抚养，情节恶劣的；拐骗不满 14 周岁的未成年人，脱离家庭或者监护人的。

五、侵犯财产罪

侵犯财产罪包括：以暴力、胁迫或者其他方法抢劫公私财物的；以牟利为目的，盗接他人通信线路、复制他人电信号码的；诈骗、抢夺公私财物，数量较大的；聚众哄抢公私财物，数额较大的；将代为保管的他人财物非法占为己有的；公司、企业或其他单位的人员，利用职务上的便利，将本单位财物非法占为己有，或者挪用本单位资金归个人使用或借贷给他人，数额较大的；挪用用于救灾、抢险、防汛、优抚、扶贫、移民、救济款物，情节严重，致使国家和人民群众利益遭受重大损害的；敲诈勒索公私财物，数额较大或者有其他严重情节的；由于泄愤报复或者其他个人目的，毁坏机器设备、残害耕畜或破坏生产经营的。

六、妨害社会管理秩序罪

妨害社会管理秩序罪分为以下九种：

一、扰乱公共秩序罪，包括：以暴力、威胁方法阻碍国家机关工作人员依法执行公务的；煽动群众暴力抗拒国家法律、行政法规实施的；冒充国家机关工作人员招摇撞骗的；伪造、变造、买卖或者盗窃、抢夺、毁灭国家机关的公文、证件、印章的；非法生产、买卖人民警察制式服装、车辆号牌等专用标志、警械，情节严重的；以窃取、刺探、收买方法，非法获取国家机密的；违反国家规定，侵入国家事务、国防建设、尖端科技领域的计算机信息系统的；对计算机信息系统功能进行删除、修改、增加、干扰，后果严重的；利用计算机实施金融诈骗、盗窃、贪污、挪用公款、窃取国家秘密或者其他犯罪的；聚众"打砸抢"，致人伤残、死亡的；聚众扰乱社会秩序，致使工作、生产、营业和教学、科研无法进行，情节严重的；聚众扰乱车站、码头、民用航空站、商店、公园、影剧院、展览会、运动场等公共场所秩序，聚众堵塞交通或者破坏交通秩序，抗拒、阻碍国家治安管理工作人员依法执行职务的；聚众斗殴的；寻衅滋事，破坏社会秩序的；组织、领导和积极参加以暴力、威胁或其他手段，有组织地进行违法犯罪活动，称霸一方，为非作歹，欺压、残害群众，严重破坏经济、社会生产秩序的黑社会性质的组织的；举行集会、游行、示威，未依照法律规定申请、许可，严重破坏社会秩序的；违反法律规定，携带武器、管制刀具或爆炸物参加集会、游行、示威的；在公众场合故意以焚烧、毁损、涂划、玷污、践踏等方式侮辱中华人民共和国国旗、国徽的；组织和利用会道门、邪教组织或利用迷信破坏国家法律、行政法规实施的；邮政工作人员严重不负责任，故意延误投递邮件，致使收信人遭受重大损失的。

二、妨害司法罪，包括：在刑事诉讼中，证人、鉴定人、记录人、翻译人对与案件有重大关系的情节，故意作虚假证明、鉴定、记录、翻译，意图陷害他人或者隐匿罪证的；辩护人、诉讼代理人毁灭、伪造证据，帮助当事人毁灭、伪造证据，威胁、引诱证人改变证言或者作伪证的；对证人进行打击报复的；聚众哄闹、冲击法庭，或者殴打司法人员的；为犯罪人提供隐藏处所、财物，帮助其逃匿或作假证明包庇的；明知是犯罪所得的赃物而予以窝藏、转移、收购或者代为销售的；对人民法院的判决、裁定有能力执行而拒不执行的；依法被关押的罪犯、被告人、犯罪嫌疑人脱逃的；组织越狱的。

三、妨害国境管理罪，包括：组织他人偷越国境的；弄虚作假，骗取护照、签证等出境证件，为组织他人偷越国境使用的；运送他人偷越国境的；故意破坏国家边境的界碑、界桩或者永久性测量标志的。

四、妨害文物管理罪，包括：故意损毁国家保护的珍贵文物或者被确定为全国重点文物保护单位、省级文物保护单位的文物的；违反文物保护法规，将收藏的国家禁止出口的珍贵文物私自出售或私自赠送给外国人的；倒卖国家禁止经营的文物，情节严重的；盗掘具有历史、艺术、科学价值的古文化遗址、古墓葬的；抢夺、窃取国家所有的档案的。

五、危害公共卫生罪，包括：违反传染病防治法的规定，由于供水、防疫、检疫、对病人管理等工作的问题，引起甲类传染病传播的；违反规定，造成传染病菌种、毒种扩散，后果严重的；非法组织他人出卖血液的；医务人员由于严重不负责任，造成就诊人死亡或者严重损害就诊人健康的；未取得医生执业资格的人非法行医，情节严重的；逃避动植物检疫，引起重大动植物疫情的。

六、破坏环境资源保护罪，包括：向土地、水体、大气排放、倾倒或者处置有放射性的废物、含传染病病原体的废物、有毒物质或者其他危险废物，造成重大环境污染事故，致使公司财产遭受重大损失或者人身伤亡的严重后果的；在禁渔区、禁渔期或者使用禁用的工具、方法捕捞水产品，情节严重的；非法猎捕、杀害国家重点保护的珍贵、濒危野生动物的，或者非法收购、运输、

出售国家重点保护珍贵、濒危野生动物及其制品的；违反土地管理法规，非法占用耕地改作他用，数量较大，造成耕地大量毁坏的；未取得采矿许可证擅自采矿的，擅自进入国家规划矿区和他人矿区范围采矿的；非法采伐、毁坏珍贵树木的；盗伐森林或者其他林木，数量较大的；盗伐、滥伐国家级自然保护区内的森林或其他林木的，从重处罚。

七、走私、贩卖、运输、制造毒品罪。走私、贩卖、运输、制造毒品，无论数量多少，都应当追究刑事责任。利用、教唆未成年人走私、贩卖、运输、制造毒品，或者向未成年人出售毒品的，从重处罚。非法持有鸦片1000克以上、海洛因或者甲基苯丙胺50克以上，或者其他毒品数量较大的；包庇上述犯罪分子，为犯罪分子窝藏、转移、隐瞒毒品或者犯罪所得财物的；违反国家规定，非法运输、携带醋酸酐、乙醚、三氯甲烷或者其他用于制造毒品的原料或者配剂进出境、非法买卖的；非法种植罂粟、大麻等毒品原植物的；引诱、教唆、欺骗、容留他人吸食、注射毒品与精神药品的。

本法所称的毒品，是指鸦片、海洛因、甲基苯丙胺（冰毒）、吗啡、大麻、可卡因以及国家规定管制的其他能够使人形成瘾癖的麻醉药品和精神药品。

八、组织、强迫、引诱、容留、介绍卖淫罪，包括：强迫、引诱不满14周岁的幼女卖淫的；嫖宿不满14周岁的幼女的；在公安机关查处卖淫、嫖娼活动时，为违法犯罪分子通风报信，情节严重的。

九、制作、贩卖、传播淫秽物品罪，包括以牟利为目的，制作、复制、出版、贩卖、传播淫秽物品的；传播淫秽书刊、影片、音像、图片或者其他淫秽物品，情节严重的；组织进行淫秽表演的。本法所称淫秽物品，是指具体描绘性行为或者露骨宣扬色情的淫秽性的书刊、影片、录像带、录音带、图片及其他淫秽物品。有关人体生理、医学知识的科学著作不是淫秽物品。

七、危害国防利益罪

危害国防利益罪，包括：以暴力、威胁方法阻碍军人依法执行职务的；破坏武器装备、军事设施、军事通信的；聚众冲击军事禁区，严重扰乱军事禁区秩序的；冒充军人招摇撞骗的；煽动军人逃离部队或者明知是逃离部队的军人而雇用，情节严重的；在征兵工作中徇私舞弊，接受不合格兵员的；伪造、变造、买卖或者盗窃、抢夺武装部队公文、证件、印章以及制式服装、车辆号牌等专用标志的；预备役人员战时拒绝、逃避征召或者军事训练的；战时造谣惑众，扰乱军心的；战时拒绝或者故意延误军事订货、拒绝军事征用的。

八、贪污贿赂罪

国家工作人员利用职务上的便利，侵吞、窃取、骗取或者以其他手段非法占有公共财物的，是贪污罪。挪用公款归个人使用，进行非法活动的，是挪用公款罪。贪污、挪用用于救灾、抢险、防汛、优抚、扶贫、移民、救济款物归个人使用的，从重处罚。

国家工作人员利用职务上的便利，索取他人财物，或者非法收受他人财物，为他人谋取利益的，是受贿罪。国家工作人员在经济往来中，违反国家规定，收受各种名义的回扣、手续费，归个人所有的，以受贿罪论处。为谋取不正当利益，给予国家

这是您的好处费！

工作人员以财物的，是行贿罪。

国家工作人员在国内公务活动或者对外交往中接受礼物，依照国家规定应当交公而不交公，数额较大的；国家工作人员的财产或者支出明显超过合法收入，差额巨大，本人不能说明其来源是合法的；国家工作人员在境外的存款，数额较大，隐瞒不报的；国家机关、国有公司、企业、事业单位、人民团体，违反国家规定，以单位名义将国有资产集体私分给个人，数额较大的；执法机关违反国家规定，将应当上缴国家的罚没财物，以单位名义集体私分给个人的。

九、渎职罪

渎职罪包括：国家机关工作人员滥用职权或者玩忽职守，致使公共财产、国家和人民利益遭受重大损失的；国家机关工作人员违反保守国家秘密法的规定，故意或者过失泄露国家秘密，情节严重的；司法工作人员徇私枉法、徇情枉法，对明知是无罪的人而使他受追诉、对明知是有罪的人而故意包庇

不使他受追诉，或者在刑事审判活动中故意违背事实和法律作枉法裁判的；税务机关的工作人员徇私舞弊，不征或者少征应征税款，致使国家税收遭受重大损失的；国家机关工作人员在签订、履行合同过程中，因严重不负责任被诈骗，致使

国家利益遭受重大损失的；负有环保监督管理职责的人员严重不负责任，发生重大环境污染事故，造成严重后果的；卫生行政部门的工作人员严重不负责任，导致传染病传播或者流行的；国家机关工作人员徇私舞弊，违反土地

管理法规，非法批准征用、占用土地，或者非法低价出让国有土地使用权的；海关工作人员徇私舞弊，放纵走私的；国家商检部门、动植物检疫机关的工作人员徇私舞弊，伪造检验结果，造成严重后果的；对生产销售伪劣商品犯罪行为负有追究责任的国家机关工作人员徇私舞弊，不履行法律规定的追究职责的；负责办理护照、签证以及其他出入境证件的国家机关工作人员，对明知是企图偷越边境的，予以放行的；对被拐卖、绑架的妇女、儿童负有解救职责的国家机关工作人员，接到解救要求或举报后，不进行解救的；向犯罪分子通风报信、提供便利，帮助犯罪分子逃避处罚的；在招收公务员、学生工作中徇私舞弊的；有关人员严重不负责任，造成珍贵文物损毁或者流失的。

十、军人违反职责罪

军人违反职责，危害国家军事利益，依照法律应当受刑罚处罚的行为，是军人违反职责罪。包括：战时违抗命令，对作战造成危害的；故意隐瞒、谎报军情或者拒传、假传军令，对作战造成危害的；在战场上贪生怕死，自动放下武器投降敌人的；战时临阵脱逃的；指挥人员和值班、值勤人员擅离职守或者玩忽职守，造成严重后果的；指挥人员违抗命令，临阵退缩，作战消极，造成严重后果的；在战场上明知友邻部队处境危急请求救援，能救援而不救援，致使友邻部队遭受重大损失的；国家机关工作人员在履行公务期间，擅离岗位，叛逃境外或者在境外叛逃，危害国家军事利益的；以窃取、刺探、收买方法，非法获取军事秘密的；故意或者过失泄露军事秘密的；战时造谣惑众，动摇军心的；战时自伤身体，逃避军事义务的；违反兵役法规，逃离部队的；违反武器装备使用规定，发生责任事故，致人重伤、死亡或者其他严重后果的；盗窃、抢夺武器装备或者军用物资的；非法出卖、转让军队武

器装备的；违抗命令，遗弃武器装备的；遗失武器装备，不及时报告或者有其他严重情节的；滥用职权，虐待部属，情节恶劣，致人重伤或者造成其他严重后果的；战时在救护治疗职位上，有条件救治而拒不救治危重伤病军人的；战时在军事行动地区，残害无辜居民或者掠夺无辜居民财物的；私放俘虏的；虐待俘虏，情节恶劣的。

什么是刑罚

刑罚是以国家名义依照刑法对犯罪分子适用的一种强制方法。

刑罚有三个特征：第一，刑罚是一种最严厉的强制方法。国家强制方法除刑罚以外，还有行政、纪律、民事等强制方法。只有刑罚可以剥夺犯罪分子的财产和其他权利，甚至可以剥夺其生命。第二，刑罚只能对犯罪分子适用。第三，除法院外，其他机关（包括公安检察机关）、团体或个人都无权运用刑罚。

运用刑罚的根本目的，在于用刑罚来同犯罪行为做斗争，预防犯罪，减少犯罪，保护人民，打击敌人。

刑罚首先是对犯罪者的一种惩罚。对犯罪分子判处刑罚，除极少数被判处死刑的以外，对绝大多数犯罪分子来说，根本目的是使他们弃恶从善，把他们改造成为遵纪守法的公民，化消极因素为积极因素。另外，人民法院对犯罪分子判处刑罚，可以震慑尚未归案的犯罪分子，使他们感到恐惧，起到分化瓦解的作用。刑罚还可以警告那些可能以身试法进行犯罪活动的人，教育广大人民群众遵纪守法，鼓舞他们同犯罪行为做斗争。

什么是主刑与附加刑

刑罚的方法分为主刑、附加刑两种。主刑也叫基本刑罚，它是人民法院对犯罪分子判处刑罚时独立适用的刑罚方法；附加刑又叫从刑，是人民法院对犯罪分子判处刑罚时可以独立使用也可以补充主刑适用的刑罚方法。

主刑的种类有管制、拘役、有期徒刑、无期徒刑、死刑五种，附加刑的种类有罚金、剥夺政治权利、没收财产三种。

一般来说，主刑比附加刑要严厉得多，五种主刑只能独立适用，而不能相互附加并用。也就是说，对一种犯罪只能判处一种主刑。我国刑法规定，附加刑既可以附加主刑适用也可以独立适用，例如，一个人犯一个罪，可以依法判处罚金、剥夺政治权利，或者没收财产；也可以依法在判处一个主刑的同时，附加罚金、剥夺政治权利，或者没收财产。

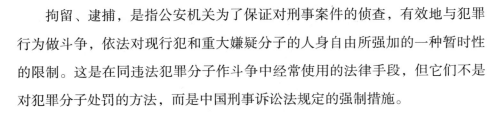

什么是拘留与逮捕

拘留、逮捕，是指公安机关为了保证对刑事案件的侦查，有效地与犯罪行为做斗争，依法对现行犯和重大嫌疑分子的人身自由所强加的一种暂时性的限制。这是在同违法犯罪分子作斗争中经常使用的法律手段，但它们不是对犯罪分子处罚的方法，而是中国刑事诉讼法规定的强制措施。

拘留是对罪该逮捕的现行犯或者重大嫌疑分子，在紧急情况下依法采取的强制措施。目的是防止其逃避侦查、审判或继续进行犯罪活动。这里说的紧急情况包括正在实施犯罪或犯罪后企图自杀、逃跑或在逃的有毁灭、伪造证据或者串供可能的，身份不明有流窜作案嫌疑的，等等。因来不及办理逮捕手续，因此采取临时紧急的措施，即先行拘留。

逮捕，是指侦查已经基本结束，被侦查对象可能判处徒刑的一种强制措施，所以它是最严厉的一种强制方法，同时它也是有效地打击敌人、制止犯罪和保护人民的重要手段。逮捕必须经过人民检察院批准或人民法院决定，并由公安机关执行。对全国人民代表大会代表执行逮捕时，还要履行特别的手续。

公安机关在拘留或逮捕人的时候，必须出示拘留证、逮捕证。拘留、逮捕后，除有碍侦查或者无法通知的情形以外，应当把原因和羁押的处所，在24 小时以内通知被拘留、逮捕人的家属或者他的所在单位。公安机关应在拘留、逮捕后的 24 小时以内进行问讯。发现不应当拘留、逮捕的时候，必须立即释放，并发放释放证明。

监狱的作用是什么

监狱是关押犯人的地方。我国的监狱除了关押罪犯，同时也是教育罪犯的特殊学校，它通过强制劳动和各种教育措施，把罪犯改造成自食其力的新人。

按照中国的《劳动改造条例》规定，监狱主要监管不适宜监外劳动的已判死刑缓期执行、无期徒刑的反革命犯和其他重要刑事犯。监狱对犯人严格管制并严密警戒，在必要的时候可以单独监禁。在严格管制的原则下，根据犯人的不同情况，实行不同的强迫劳动和教育。

中国的刑罚目的是通过对犯罪的惩罚和教育，改造罪犯，最终达到预防和消灭犯罪。我国监狱行政管理工作成就巨大，把一些犯罪分子改造成为守法的自食其力劳动者。如封建社会的末代皇帝溥仪得到新生，日本战犯、国民党战犯改恶从善，大批失足犯罪者被抢救……所有这些成就都是举世瞩目的。

什么是劳动教养

劳动教养与劳动改造不同。劳动改造是对判了刑的犯罪分子，凡有劳动能力的，都强迫他们在劳动中改造自己，使他们弃恶从善，成为新人；劳动教养则是改造那些罪行较轻，依法不够逮捕判刑的人，实行一定期限的强制性教育改造，使他们通过劳动生产和政治教育，养成劳动习惯，改造成为遵

纪守法的劳动者。

劳动教养的对象一般是：有流氓、盗窃、诈骗行为不够刑事处分而又屡教不改的人；聚众斗殴、侮辱妇女或进行其他流氓活动，破坏公共秩序，情节较轻，不够刑事处分的人；结伙抢劫及其他严重危害社会治安的犯罪集团中，属于不予追究刑事责任的从犯，或后果不太严重，不够刑事处分的人。劳动教养的对象包括成年人和未成年人。对未成年人实行劳动教养是根据《中华人民共和国刑法》第十四条关于犯罪人"因不满16周岁不处罚的，责令他的家长或者监护人加以管教；在必要的时候，也可由政府收容教养"进行的。确定劳动教养的对象要经过一定的审批手续。

劳动教养的目的在于教育挽救，而不是为了单纯的惩罚。劳动教养人员在劳动教养期间表现好的，可以提前解除劳教。解除劳教后三年内又重新犯罪的，对检举人、被害人和有关司法人员以及制止违法犯罪的干部、群众行凶报复的，将从重或者加重处罚。

少年犯管教所是一个什么样的机关

少年犯管教所是劳动改造机关之一，是监管改造少年犯的场所和专门机构。

所谓少年犯，是指被人民法院依法判处徒刑或拘役的年满14周岁不满18周岁的犯罪少年。少年犯与成年犯在生理上和心理上有着不同之处，因此，对他们的改造方法也不同。对成年犯改造主要是劳动，而对少年犯的改造则着重通过政治教育、法制教育、生产技术教育等，同时在照顾他们生理发育

的情况下，使他们参加一些轻微的劳动。少年犯管教所是教育、挽救、改造犯罪少年的特殊学校。

什么是有期徒刑和无期徒刑

有期徒刑和无期徒刑是刑罚的两个刑种，有的简称为徒刑。这两种刑罚，都是剥夺犯罪分子的人身自由，由劳改机关把他们监管起来，强制进行劳动改造的方式，使他们无法再继续危害社会。

有期徒刑和无期徒刑的主要区别，就是有期徒刑剥夺人的自由有一定期限，而无期徒刑是剥夺自由终身。

有期徒刑是刑罚中适应范围最广泛的一种。对于比较严重的各种犯罪，主要适用这种刑罚。我国刑法规定，有期徒刑的最低刑期为 6 个月，最高刑期为 15 年；在数罪并罚和死刑缓期执行减刑为有期徒刑的最高刑期可延长到 20 年；无期徒刑减为有期徒刑的，不得少于 10 年，依理也可延长到 20 年。这种刑罚方法，量刑幅度大，在判刑时可以灵活掌握，对罪行较轻的，可以依法判短期徒刑。

无期徒刑是仅次于死刑的一种严厉的刑罚。它是对于罪行特别严重，但又不够判处死刑的犯罪分子，可以终身剥夺他的人身自由，使他与社会隔离，在一定的劳动场所终身服刑。而我国刑法规定被判处无期徒刑的犯罪分子，在监狱或者其他劳动改造场所执行；凡有劳动能力的，实行劳动改造；在服刑期间可以减为有期徒刑，甚至在具备一定条件下，可以获得重新做人的机会。

什么是死刑

死刑是剥夺犯罪分子生命的刑罚，也叫"生命刑""极刑"，是世界各国最古老的刑罚之一。

我国刑法规定，死刑只适用于罪大恶极的犯罪分子。同时保留了中国独创的"死缓"制度；用于反革命罪中对国家和人民危害特别严重、情节特别恶劣的反革命分子；故意杀人的犯罪分子；强奸妇女、奸淫幼女情节特别恶劣的或者致人重伤、死亡的犯罪分子等等。对于应当判处死刑的犯罪分子，如果不是必须立即执行的，可以判处死刑同时宣告缓期二年执行，实行劳动改造，以观后效。缓期执行期满以后是否执行死刑，要看犯罪分子在缓期执行期间的表现决定。如确有悔改，可以减为无期徒刑或有期徒刑15年以上20年以下；如果抗拒改造情节恶劣，查证属实的，由最高人民法院裁定或者核准，执行死刑。

对于犯罪时不满18周岁的人和审判时怀孕的妇女，不适用死刑。已满16周岁不满18岁的，如果所犯罪行特别严重，可以判处死刑缓期二年执行。

死刑案件除依法由最高人民法院判决的以外，应当报请最高人民法院核准。

我国主要有哪些政法机关和调解组织

一、公安机关

公安机关是担负维护社会治安、保卫国家和人民生命、财产安全职能的专门机关。它是国家机关的重要组成部分，也是国家专政的工具之一。

中国的公安机关主要是对反革命案件和其他刑事案件进行侦查，担负社会治安、边防治安和交通治安的管理工作，指导和监督机关、厂矿、企业、事业等和其他部门的保卫工作，管理人民消防和人民防空工作等群众性治安保

卫组织的治安防范并负责同治安灾害做斗争和预防犯罪等工作。

中国公安机关是保护人民、打击敌人的有力工具，是执行法律，特别是执行刑法和刑事诉讼法的专门机关之一。国务院设有公安部，领导全国的公安工作；省、自治区、直辖市设有公安厅（局）；地区和直辖市区设有公安分局（处）；县、自治县设立公安局；县、自治县、市辖区在辖区内的市镇、街道、交通沿线和社会情况比较复杂的农村，以及边远地区设立公安派出所。

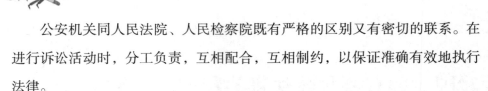

公安机关同人民法院、人民检察院既有严格的区别又有密切的联系。在进行诉讼活动时，分工负责，互相配合，互相制约，以保证准确有效地执行法律。

二、人民检察院

人民检察院是中华人民共和国负责行使检察权以维护法制的法律监督机关，是人民民主专政的重要工具之一。

人民检察院有最高人民检察院、地方各级人民检察院和专门人民检察院。最高人民检察院是中国的最高检察机关，它根据需要设立若干检察厅和其他机构；地方各级人民检察院分为：省、自治区、直辖市人民检察院分院，县、市、自治州和市辖区人民检察院；专门人民检察院是指军事检察院、铁路运输检察院等在特定组织系统设置的检察院。最高人民检察院领导地方各级人民检察院和专门人民检察院的工作，地方各级人民检察院既受同级国家权力机关的领导，同时又受上级人民检察院的领导，以保证人民检察院在全国范围内统一行使检察权。

人民检察院对于叛国、分裂国家以及其他严重破坏国家法律、法令、政令统一实施的重大犯罪案件行使检察权；对于公安机关侦查的案件，进行审查，决定是否批准逮捕、提起公诉和出庭支持公诉；监督公安机关的侦查活动和人民法院的审判活动以及监狱、看守所、劳改机关的活动等。

检察院组织法中规定了人民检察院应遵守的法制原则：①各级人民检察院行使检察权，对任何公民，在适用法律上一律平等，不允许有任何特权；②人民检察院依照法律独立行使检察权，不受其他行政机关、社会团体和个人的干涉；③在办理刑事案件中同人民法院、公安机关实行分工负责、互相配合、互相制约的原则。人民检察院的总任务是通过行使检察权，镇压一切反革命分子，维护国家的统一，维护人民民主专政制度，维护社会主义法制，维护社会主义正常秩序，保卫社会主义现代化建设的顺利进行。

三、人民法院

人民法院是国家的审判机关，它行使国家赋予的审判权。人民法院的任务是通过审判活动惩办一切犯罪分子，解决民事纠纷，维护社会主义法制和社会秩序，保障社会主义革命和社会主义建设事业的顺利进行。人民法院独立行使审判权，不受行政机关、社会团体和个人的干涉。对一切公民，在适用法律上一律平等，不允许有任何特权。

对于一个具体案件，不是任何一级法院都可以接收审理的，它有着自己严格的管辖制度。《中华人民共和国刑事诉讼法》规定，人民法院分为最高人民法院、高级人民法院、中级人民法院和基层人民法院。最高人民法院管辖全国性的重大刑事案件；高级人民法院管辖全省（直辖市、自治区）性的重大刑事案件；中级人民法院管辖反革命案件、判处有期徒刑、死刑的普通刑事案、外国人犯罪或者中国公民侵犯外国人合法权利的刑事案件；基层人民法院管辖除上述人民法院管辖以外的普通刑事案件。

人民法院审理案件，除涉及国家机密、个人隐私以及未成年人犯罪案件外，一律采取公开的原则。被告人还有权获得辩护。人民法院审判案件，实行两审终审制，当事人对第一审案件判决和裁决不服，可以按照法律规定的程序向上级人民法院上诉，二审法院做出的判决和裁定即为终审判决和裁定，当事人如对终审裁定或判决不服，不得再上诉，但可以通过审判监督程序，向二审法院的审判监督委员会提出申诉，请求再审。在申请再审期间，不影响终审判决或裁定的执行。

四、人民调解委员会

人民调解委员会是调解民间纠纷的群众性组织。它依照法律规定，在基层人民政府和人民法院的指导下，根据自愿原则，采取说服方法进行工作。对于调解达成的协议，当事人应当履行，不愿调解或调解不成的，可以向法院提起诉讼。人民调解委员会既不得强迫当事人进行调解，也不得以未经调解为由阻挠当事人向法院起诉，法院更不得借口未经调解而不予受理。

我国广大城乡都有人民调解组织。宪法明确规定，在城乡的居民委员会和村民委员会这种基层群众自治组织中设立人民调解委员会，并赋予调解民间纠纷的权力和任务。它们所调解的民事纠纷，一般是指由婚姻、房屋、债务、产权、继承、赔偿及轻微的违法行为所引起的纠纷。

五、公证处

公证是国家公证机关根据当事人的申请，依法证明其行为具有法律意义的文书和事实，确认其真实性和合法性的诉讼活动。

单位或个人通过公证，保护公共财产，保护公民身份和财产上的权利和合法利益。根据《中华人民共和国公证暂行条例》规定，直辖市、县、市或市辖区设立公证处，办理 14 项公证业务：证明合同（契约）、委托、遗嘱；证明继承权；证明财产赠予、分割；证明收养关系；证明亲属关系；证明身份、学历、经历；证明出生、婚姻状况、生存、死亡；证明文件上的签名、印鉴属实；证明文件的副本、节本、译本、影印本与原本相符；对于追偿债款、物品的文书，认为无疑义的，在该文书上证明有强制执行的效力；保全证据；保管遗嘱或其他文件；代当事人起草申请公证的文书；根据当事人的申请和国际惯例办理其他公证事务。需要办理公证的当事人，可向公证处提出书面或口头申请。

为什么这个县官对"连杀两命"案不予受理

清朝《文苑滑稽谈》中记载了这样一个小故事：一个乡民怀里揣了一张状纸，急匆匆地跑到县衙门，嘴里嚷着说要告状打官司。县官问他为啥要打官司，他拿出怀里揣着的状纸，递给了县官。县官拿过状纸一瞧，吓了一大跳，因为这张状纸上写着："为白日鸣锣连杀两命事"。连杀两条人命，这不是个了不得的恶性大案吗？县官问这个乡民，到底是怎么一回事。乡民回答说："邻居挑了一担糖从我家门口走过，敲锣的声音喤地响个不停，真是烦死了，又踩死了我的两只小鸡。我就和他吵起来，吵了半天没有结果，所以我就来告

状。"县官听了这一番话，这才如释重负地舒了一口气。他笑着对乡民说："你回去吧，这事情不受理。"乡民见县官如此对他说，也只好快快地回去了。

县官为什么不受理这个乡民的告状呢？可能是他认为这个"连杀两只小鸡"的案件实在太轻微，够不上官府审理的标准。可那位乡民所写的状纸，确确实实把这个县官吓了一跳，因为他把一件很小的民事纠纷写成"连杀两命"的重大案件，着实让"县太爷"出了一把冷汗，虚惊了一场。

打官司，必须写诉状。这里的诉状也就是人们常说的"状纸"，这是古已有之的规定。在现在的法律规定中，如有人要打官司，除了确实不会写而且案件较为简单的可以向法院口诉，由法院代为笔录外，一般来说，都要写份"状纸"，陈述"告状"的事实和理由，这样，法院才能受理和审判。在社会生活中，有的人要去法院"告状"，却常常为如何写好这么一份"状纸"而伤透脑筋；有的人虽然也写出了"状纸"，但却不符合要求，没有能够把案件的事实、起诉的要求和理由说清楚，耽误了案件的审理，到最后，自己的权利得不到及时的保护。像那位乡民所写的"状纸"，没有把具体事实讲清楚，也没有具体要求，县官认为不予受理，应该讲还是有一定道理的。

所以，打官司的"状纸"不同于其他的文章写作，它有自己的特殊要求。具体说，主要是以下几个方面的内容：

第一，写清状名和起诉人与被告人的身份事项。状名就是刑事、民事或是行政起诉状；身份事项就是姓名、性别、年龄、民族、职业和工作单位以及所住地。

第二，写清"状告"的要求，法律上称为"诉讼请求"。

第三，写清起诉事实。也就是要将双方之间的纠纷事实陈述清楚，还要提供有关的证据材料。

第四，写清起诉理由。这就是根据前面所述的事实，依照有关法律规定，讲清起诉的道理。

第五，写状尾。先写起诉状递交给哪一个人民法院，再签上起诉人的姓名，写明起诉的时间。

起诉应当向法院递交起诉状，还要向法院递交副本，以便法院能够及时将副本送达给被告人，让被告人提出答辩。

看了上面这些内容，你知道了吧，要写好一份"状纸"，关键是要把起诉的要求、案件的事实和起诉的理由写好。写要求要具体，合乎情理；写事实要实事求是，不能夸大和虚构；写理由要充分、透彻，符合法律规定。

但是，如果实在不会写怎么办？那可以到律师事务所，请律师帮忙代写。这在律师的业务中，称之为"代书"。

当然，只会写诉状是不够的，要使案件能被法院受理，还要符合法定的

起诉条件。否则，起诉状写得再精彩，法院也是难以受理的。

为什么根据血型可以查到作案者

冬季的深夜，宁静的山村正在沉睡。

一阵轻轻的脚步声传来，一条黑影鬼鬼祟祟地从路边的树林里窜出，穿过一片开阔的菜地，靠近了老槐树下的一座房子。

那条黑影慢慢贴近窗口。

屋里，灯光亮着，还传出了说话声。原来，这座房子的主人是本村的女主任。今夜，为村里生产和外出经营的事，她正在和村委们商讨对策。

黑影贴着窗，一动不动地站着。

"妈，快陪我睡吧。"床上的女儿醒来了。

"乖儿，妈把会开完了就睡！"女主任对女儿说。

"咱就按上头说的精神做，明天再议几个实施的意见，现在晚了，还是让主任陪娃儿睡觉吧！"说话的是老支书。

"中，咱散会吧。"有人同意。

窗外，那条黑影悄悄离开窗边，钻进菜地边的一个破木棚里。

门开了，村里的干部们一个个出来，与女主任道别远去。

门关上后，灯熄灭了。而破木棚内，那黑影点燃了一支烟。

夜更深了。

吸完烟，那条黑影又钻了出来，直扑女主任的房子。一阵摆弄之后，黑影从原路离去，迅速消失在沉沉夜幕之中……

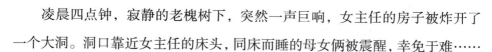

凌晨四点钟，寂静的老槐树下，突然一声巨响，女主任的房子被炸开了一个大洞。洞口靠近女主任的床头，同床而睡的母女俩被震醒，幸免于难……

早上，公安人员赶来对现场进行了勘查，证实墙外炸药是有人安放的，爆炸使屋内物件遭受损坏，但无人员伤亡。显然，这是一起谋杀未遂案件。

罪犯是谁？

侦察人员在屋边的破木棚内发现了一个吸剩的纸烟头。烟头被送去检验，检验结果证明这个烟头是含 AB 分泌型唾液的人吸过的。根据这个线索侦察，村里有几个人属于此分泌型，但都有不在现场的确凿证据。

再扩大范围，终于在邻村发现一个人的唾液是 AB 分泌型，他就是女主任的前夫。经调查，他有作案动机与时间。将他逮捕后，在物证面前，他果然供认不讳。

"黑影"终于露出了他的真面目。

此案之所以能够侦破，这还得从血型讲起。

每个人都有他特定的血型。自 1901 年，医学界确定人类的一个血型关系后，刑事侦探专家们便很快掌握了在干燥血痕迹中测知血型的技术，并运用到了刑事案件的侦破中去。此后，鉴定血型的技术日趋完善。到目前为止，有关血型刑事鉴定的技术，已经达到可从 50 年前的血痕迹中测得血型的水平。同时，早在 1910 年，血型的检验便已经扩大到了唾液。对人分泌出的唾液进行鉴定，可以从现场遗留的烟头、果核、手帕、咬痕等多种物品与印记中，寻找到案犯的蛛丝马迹。

上述那桩山村谋杀未遂案，尽管作案人精心策划，但一个小小的烟头，却能将他的犯罪嘴脸揭露无遗。

指纹学是怎样运用到刑事案件的侦破中去的

1891 年 7 月，阿根廷拉普拉塔警察局的警官沃塞蒂希被局长叫到办公室。局长漫不经心地甩给他一本杂志："一位来访者留下这本法国杂志《科学月刊》，那上面有一篇文章，讲的是英国科学家加尔登，正在研究手指上的指纹，或许你也可以用它搞些名堂出来……"

33 岁的胡安·沃塞蒂希接受任务后，开始逐个采集各种各样的指纹，对它们进行认真细致的研究。经过一年的努力，他发现指纹有四种基本的类型：1. 只有拱形，没有三角形；2. 右边有三角形；3. 左边有三角形；4. 两边有三角形。

他的研究成果很快有了验证的机会。1842 年夏天某日，内科契阿小镇发生了一件谋杀案，一个 6 岁男孩和一个 4 岁女孩，被人用石头砸开了脑袋。这两个孩子是私生子女，他们的母亲名叫法朗西丝卡。

法朗西丝卡控告说是维拉斯奎杀了孩子，因为她曾拒绝嫁给他，他便威胁说要把心爱的人杀死。据她说，谋杀案发生的那一天，她回家时见门开着，维拉斯奎匆匆忙忙地从里面出来。

维拉斯奎被逮捕，但他坚决否认犯罪。这时警察局得知法朗西丝卡有一情夫，他曾说如果她没有"小家伙"的话，他是愿意跟她结婚的。一天夜里，警探来到小屋前，敲着窗门，用低沉的声音说复仇精灵要前来惩罚杀人犯，想借此吓唬法朗西丝卡。但法朗西丝卡对这次"夜访"无动于衷，仍坚持自己的说法。

阿尔伐雷兹警长主持此案的侦破工作，他对沃塞蒂希的指纹实验很感兴趣。他搜遍小屋，寻查线索。正当他认为毫无希望时，一缕阳光照射到半开着的卧室门上，木头上显现一个灰棕色的点子，很明显，这是一个血污的拇指印。他锯下了那块木头，回到办公室。他又派人带来法朗西丝卡，让她把右手大拇指按到印泥盒里，再捺在一张纸上。

无须专家鉴定，当捺好的指印跟木头上的指印放到法朗西丝卡面前时，这个对在夜里装鬼弄神的声音也无动于衷的女人再也经受不住了，不得不供认是她用石头把两个孩子砸死的，因为他们妨碍了她嫁给那个年轻人。

法朗西丝卡案件是根据作案现场的一个指纹破案的第一桩谋杀案。"我简直不敢相信这件事情，"沃塞蒂希写信给他的朋友说："但它证明我的理论是有价值的……"

以后，沃塞蒂希竭尽全力用指纹学的种种优点来说服他的上司。他自费出版了一本名为《人体测量学和指纹学使用法概论》的书。最后，到了1896年6月，阿根廷警察当局采用了沃塞蒂希的研究成果，使阿根廷成为世界上第一个在鉴别身份的方法中运用指纹学的国家。

政坛趣闻

ZHENGTAN QUWEN

为什么澳大利亚有八位政府总理

澳大利亚是一个位于南半球的太平洋与印度洋之间的国家。和我们国家一样，澳大利亚有一个统管全国大事的中央政府，也有一位日理万机的总理。但是，和我们国家不一样的是，澳大利亚除了这位总理外，另外还有七位总理。这是为什么呢？

很久很久以前，澳大利亚还是一块渺无人烟的荒凉大陆。两百多年前，一个英国船长在探险时发现了这块大陆，他宣布这块大陆归英国所有。从此，就有很多人历尽千辛万苦，从欧洲迁居到这里来生活。这些人主要集中在七个地方。这七个地方有的叫"州"，有的叫"区"，它们都相距很远，因此它们之间很少有联系。后来，这七个地区的人都分别成立了"州政府"或者"区政府"，选出他们自己的总理来管理自己的事。

　　那时候英国很强大，向澳大利亚派了总督和军队，去管澳大利亚人。英国常常不讲道理地向澳大利亚的七个地区要钱要粮，还不准澳大利亚人做他们喜欢做的事，说什么"你们没有自己的国家，就应该由英国来统治"。气受得越多，澳大利亚人就越明白"一个篱笆三个桩，一个好汉三个帮"的道理，他们决定联合起来对付英国。所以他们打算建立一个统一的政府，让这个政府代表他们和英国打交道。

　　可是，澳大利亚人习惯了独立自主，害怕这个新政府的权力太大，又会像英国一样不分青红皂白地管这管那。因此，他们想出了个办法：新政府只负责一些国家大事，像建立军队、抵抗侵略、和其他国家打交道、修筑连接各地区的铁路和公路、向外国进口货物收税等；而其他很多事，却还是由原来的州政府、

区政府负责，比如办学校、开工厂、在本地区内做买卖等。而且，如果遇到了特别重大的事情，比如由谁来当新政府的总理等，新政府还不能自作主张，要向这七个政府征求意见，或者让全体老百姓表态。这个办法就是"联邦制"。

　　现在的澳大利亚联邦政府就是按照这个办法建立的。因此，澳大利亚就有了八位总理。一位是全澳大利亚的总理，其他七位是各个地区的总理。这七位总理不管中央政府的事，而是分别管理各自地区的事。他们之间是平等的，互不干涉，而且中央政府的总理对他们也不能随便指挥。

　　其实，澳大利亚还不是最早这样做的国家，美国才是"联邦制"的老祖宗。美国在很早以前也是英国的殖民地，美国人最早想出用联邦制来建立新政府。

他们摆脱了讨厌的英国统治之后，就马上按照联邦制来成立新的国家，并且生活得很好。因为美国的成功例子，以后就有很多新成立的国家学习和采用联邦制，比如澳大利亚、加拿大、新西兰、巴西等。

 # 为什么当了美国总统却不能所有的事都说了算，有的事还得听最高法院和国会的

有人说："美国总统是全世界权力最大的人，因为他统治着全世界最强大的国家，指挥着世界上最强大的军队，而且他是由全体美国人选出来的，所以，所有美国人都得听他的话。"其实，这样的说法是不对的。在美国，总统的权力根本就不是无限的，他在很多时候还得听美国最高法院和国会的。

美国建立于两百多年前。在这以前，世界上的其他国家基本上是由国王、皇帝来统治的，这些国王和皇帝的权力十分大，没有人可以反抗他们。美国人看到这些国家的人民在国王和皇帝面前受苦受难，就开始想：不能让国王和皇帝任意欺压人民，要让美国人生活得自由些。但是具体该怎么做呢？1782年，美国各地的代表到一个叫费城的城市开会，讨论这个问题。经过很长时间的商讨，大家都同意以后美国的管理要有一套自己的办法。

研究出来的办法是：

第一，美国没有什么国王和皇帝，而是让全体人民选出一个总统。这个总统每四年选一次，最多只能当八年，不能像国王和皇帝那样一辈子做到底。

总统虽然有很大的权力，管很多的人和事，但是他不能一直当总统，而且不当总统后就和一般老百姓一样了。

第二，是为了防止总统想干什么就干什么，要给他一些限制。怎么限制呢？办法有两个：一是再另外让全体人民选出一些代表，叫作"议员"，由他们组成"国会"，代表全体人民来监督总统；二是设一个最高法院，这个法院不归总统和国会管，可以独立地判决各种案子。

后来，美国就按这个办法制定了《美利坚合众国宪法》。在宪法里规定了总统、国会和最高法院各自负责的范围以及怎么样互相监督。这部宪法从制定到现在，已经二百多年了，虽然进行过一些修改，但基本的原则都没变。像总统、国会和最高法院要相互监督，就坚持到现在。这样，美国就有了三个互相平等的单位，一个是总统，一个是国会，还有就是最高法院。总统管的是平时国家经常遇到的各种事情；国会管的是很复杂的问题，像重要的法律一般都是国会制定的，要不要和外国正式打仗也只能由

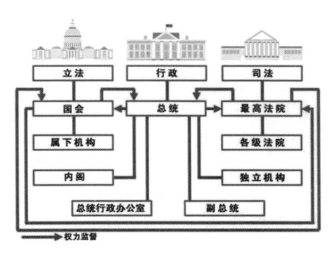

国会决定；最高法院负责对总统和国会犯的错误进行纠正。在他们之间是不讲谁管谁，大家都按照法律的规定做事。

这种办法被称为"三权分立"。三权就是指行政（总统）、立法（国会）和司法（最高法院）；分立是指他们之间的平等关系。这种制度在美国刚成立时就开始了，经过很长时间被证明很有好处，所以后来有些国家也学习美国的办法。这样，世界上就有很多国家是三权分立的了。但是，并不是所有三权分立的国家都像美国的三权分立那样明显，也不是所有的国家都认为三权分立是最好的。

为什么说美国总统并不是全体美国老百姓选出来的

我们前面讲过，美国总统的权力是很大的，地位又很重要。但是，这样一个举足轻重的人却不是美国全体老百姓选出来的，而是由全美国四百多个人选出来的。这是怎么回事呢？

1786年，美国刚成立的时候，人口不多，而且居住得很分散，交通和通讯又不方便，不像现在有汽车、飞机、电视、电话，那时只有马车、报纸和泥巴路。如果什么事都要经过全体老百姓同意，实在是又费时间又花

钱，而且不见得能做到。于是，美国的那些开国元勋就想，怎样才能既省时又省钱，而且让老百姓放心地选出美国总统呢？最方便的办法是，组织一批全国人民的代表来选总统。这些代表应该很诚实，有责任心，他们选出的总统全国人民会比较放心。

虽然，国会的议员是全国人民选出来的，但是如果让他们再去选总统，就会破坏"三权分立"的制度，总统就会什么事都得看国会的眼色办，不会好好地为美国人民做事。所以，要另外建立一个组织来选总统，这个组织就是"选举团"。选举团只负责选总统，不管其他的事。

美国有很多州，每个州都先按照自己州的人口多少，选出一定数目的代表，这些代表叫作"选举人"。每个州的选举人数目是不一样的，人口多的州就多，人口少的州就少。美国总统是四年选一次的。到了选总统的这年十一月份，全国统一在一天投票，选出各州的选举人。第二年一月份，这些代表再集中到美国的首都华盛顿，组成选举团。然后，选举团投票选总统。选出

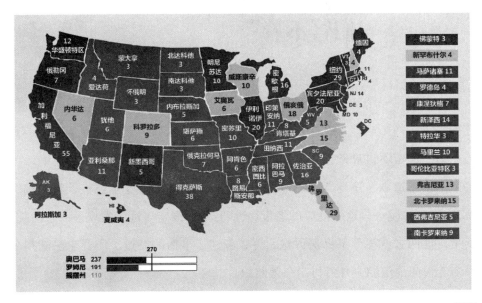

总统之后，选举团马上就解散了，选举人各自回到自己的州去。

这种办法被称为"间接选举制"。也就是说，总统不是由全体人民来选，而是由人民推选出的代表来选。美国的人民是把选总统的权力交给了选举团，美国最先几位总统都是这样选出的。但是过了一些时间，他们发现这样还是有可能会选出他们并不喜欢的人做总统，所以就要选举人在去华盛顿之前，先明确表示他们要选谁做总统，而且一定要遵守诺言，不能到了华盛顿后又变卦。如果选举人要选的人跟人民想选的人不一样，他们就会不让这人去当代表，而另外选一个听话的人当选举人。这样，实际上美国的"间接选举制"已经变成"直接选举制"了。

为什么方思明在美国纽约受了欺负，而有的美国法院却说："我们管不着"

方思明是一个从上海到美国纽约去上学的小伙子。到纽约的第一天，他上街去买东西，当他正在一家商店选东西时，这家商店老板硬说他偷了一盒巧克力，还蛮不讲理地搜了方思明的身。商店老板当然是冤枉了方思明，可是他不仅不道歉，还骂骂咧咧地把小方推出商店。小方受了冤枉，越想越气愤，决定到法院去告这家商店的老板。也巧，小方没走多远就发现了一家法院，于是，他回去就写下了一份诉状，诉状叙述了事情的经过，还要求法院判令那个老板向他道歉，并且付出一笔赔款。

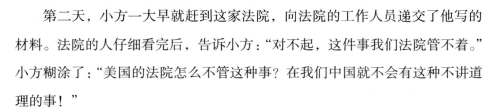

第二天，小方一大早就赶到这家法院，向法院的工作人员递交了他写的材料。法院的人仔细看完后，告诉小方："对不起，这件事我们法院管不着。"小方糊涂了："美国的法院怎么不管这种事？在我们中国就不会有这种不讲道理的事！"

"你搞错了。"法院的人说，"不是所有美国法院都不管这种事，只是像我们这样的联邦法院是不能管这种事的。你这事应当由纽约州的法院来管。"看到小方还不明白，他又解释道："四百多年前，美国还是个没有开发的新大陆，很多英国人到这儿沿着大西洋海岸，建立他们的新家园。后来他们按居住地区成立了十三个小政府，就像十三个小国家，叫作北美十三个州。每个州都有自己的一套法院机构，都只管自己州的事。再后来，这些州联合起来同英国打了独立战争，把多管闲事的英国人赶走了，还成立了把十三个州联为一体的联邦政府。新政府也成立了法院，也就是这种联邦法院。而原来各州的法院仍旧保留下来了，并且在州法院和联邦法院之间作了分工，联邦法院管的事和州法院管的事不同，而且在州法院里解决了的案件，联邦法院也不再去理会。也就是说，联邦法院管不了州法院。在这以后两百年里，虽然美国变得越来越大，州也越来越多，可是这种两套法院机构的制度却坚持下来了。因此，美国就有了联邦和州的两套法院机构。"

"按照法律规定，我们联邦法院管的一般都是比较重要的案件，以及发生在两个或几个州之间的案件。像你这种情况，就不属于我们联邦法院管的事，你这件事是发生在纽约市，纽约市归纽约州管，所以，你应该到纽约州的法院去告那个老板，如果这个法院的判决你不满意，还可以一直告到纽约州的最高法院。如果你还不满意，就没地方好讲道理了。因为，我们联邦法院是不能插手州法院管的事的。"

"我明白了！现在我就去纽约的法院告那个老板。"小方说。"那我祝你好运！"法院的人说。后来，小方真的在纽约州的法院告倒了那个老板，让那老板尝到了厉害。

为什么路易斯安那州的法律和美国其他州的法律有很大的差别

美国是一个由五十个州组成的国家。这些州跟我们国家的省有点像。但是，美国的州可以自己制定一些法律，来管理自己州的事情。所以，在美国，五十个州的法律都有一些差别。但是，一个叫路易斯安那州的法律与其他四十九个州的法律相差特别大。其他州精通法律的要人都会对这个州的法律感到别扭，就好像是到了另外一个国家一样。

在我们国家，每个省市之间的法律也有一些小差别，比如吐痰在北京罚款十元，在上海就罚五元。但是，基本道理是完全一样的。在美国，除了路易斯安那州，其他州的法律跟我们的国家的情况差不多，虽然规定不是完全一样，但道理相同。可是，路易斯安那州的法律，连很基本的道理都和其他州不一样。

怎么会这样呢？这里面还有一段有趣的历史故事。

1783 年，美国从英国统治下独立出来时，还不像现在这么大，只有十三个州，这些州都是紧靠着大西洋。现在路易斯安那所在的地方，还不是美国的地盘，当时归法国人。法国人很早就发现了这个地方，派兵占领了它，并且取名"路易斯安那"，意思是"路易斯国王的地方"，因为那时的法国国王叫作路易。

法国人一开始就在路易斯安那全部实行法国的法律，这些法律跟英国的法律可是牛头不对马嘴，差别很大很大。可是，美国和路易斯安那靠拢了。因为路易斯安那是法国的地盘，而法国跟美国的关系不错，美国不好意思把路易斯安那硬抢过来，所以就和法国商量要把路易斯安那州买下来。那时的路易斯安那比现在的路易斯安那大好多倍，要买的话需要很大一笔钱，美国那时还不像现在这么阔气，一下子拿不出这么多钱。可是美国人很有运气。那时候，法国的皇帝拿破仑，正忙着跟英国、德国和俄国等国家打仗，根本没时间去管路易斯安那的事情，还觉得路易斯安那是个包袱，想马上甩掉它。拿破仑想，美国人要买路易斯安那就卖给他们吧，钱少些就少些。于是，路易斯安那就被美国人用很便宜的价钱买下来了。

美国买下路易斯安那以后，就把它划分成好几个州，其中就有路易斯安那州。美国要在这些州里面实行他们的法律，其他州都没意见，只有路易斯安那州的人不干。因为他们几乎都是法国人的后代，习惯了法国的法律，不想把自己的法律改掉。美国也没办法，只好将就了路易斯安那州人的意愿。从那时起，路易斯安那州的法律就按自己的路子走下去了。所以，日积月累，路易斯安那州的法律就和他州的法律有了很大差别。

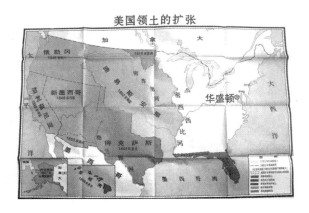

美国领土的扩张

为什么在美国有些地方法律规定星期天商店不能开门，或者星期天不能吃洋葱头

　　小宝在报纸上看到一则趣闻，说是在美国的马萨诸塞州的一个城市，法律规定礼拜天所有的商店都要关门，不能做生意；而在另一个城市，法律却规定礼拜天所有的居民都不能吃洋葱头。小宝不知道这是为什么。他想，不许吃洋葱头还无所谓，换个别的菜吃就算了，可商店星期天不开门，买东西没地方去，大家都会很不方便。美国人怎么会有这样的怪里怪气的规矩呢？

　　其实，美国人的这些规矩并不是谁突发奇想、一时兴起搞出来的，而是因为他们的历史和宗教传统使他们有了这样的法律。

　　在五百多年前的英国，国王本来是信天主教的。因而，他要服从罗马教皇的命令。可是，后来英国国王跟教皇闹翻了，就自己另外成立了一个教会，叫作"英国国教"，自己当头，和罗马教皇断绝了来往。从此，在英国大多数的人都听国王的，信奉了英国国教。但是，还是有一部分的英国人并不买国王的账，他们有的还是信罗马教皇。有的人甚至信了另外一个教会，信这个教会的人被称为"清教徒"。清教徒的教规要求他们生活得很清苦，而且要保持心灵纯洁，不讲究享受，要把精力都放到干活上去，并且要绝对服从上帝。他们平时努力做事，到了星期天却什么事也不干，全部到教堂去做礼拜，向上帝表示忠诚。因为清教徒相信的东西和国王想让他们相信的东西不一样，

国王屡次要他们服从，清教徒根本都不听，国王就开始对他们下毒手了。先是不准他们做生意，把他们从自己的土地上赶跑，后来发现了美洲大陆，就把他们赶到美洲去。

那时的美洲大陆还是一片荒原，生活很艰苦，要活下来很不容易。但是清教徒们却克服了各种困难，顽强地建立了新的家园。在美国这片新的土地上，他们可以不再受国王的限制，自由地按自己的思想安排生活了。所以，

他们就根据教会的主张，让人们礼拜天都去教堂。但是，如果商店开门的话，商店的人就会去照顾生意，而不会去教堂了，而且有的顾客也会去买东西，忘记去做礼拜。所以，在他

们定的"土规矩"中，商店礼拜天都不能开门。而礼拜天不能吃洋葱头，是因为洋葱头有股怪味，如果吃了洋葱头去做礼拜，就会把边上的人熏得受不了，干扰教堂里的严肃气氛，显得不尊重上帝。

虽然后来美国的人口越来越多，清教徒却始终保持着他们的习惯。他们认为，无论世界怎么变化，人们还是应该保持心灵纯洁，信仰上帝。美国建立以后，联邦只管大事，这种跟宗教有关的小事是由州来管的，而有些州也懒得去管，就把这事交给了地方。所以，在清教徒占多数的地方，会有礼拜天商店不能开门，不能吃洋葱头的法律。

为什么雷诺德刺伤了同学，被警察抓后，他爸爸交了一笔钱，警察就把他给放了

　　1988 年夏天，雷诺德刚考上大学。他是一个十八岁的英国小伙子，因为自己个子矮力气小，怕到了大学里受人欺负，就随身带着一把锋利的小匕首。果真，雷诺德在大学里经常被一个叫查尔斯的同学欺负。开始他还忍着，后来他就警告查尔斯，叫他小心点儿，别以为欺负人不会遭到报复。

　　查尔斯以为雷诺德是吓唬人的，仍旧欺负雷诺德。这天下午，两人在操场迎面走过，查尔斯故意用肩狠狠地撞了雷诺德一下，把雷诺德手里的一摞书撞翻在地，他不仅不道歉，还一边笑嘻嘻地看着雷诺德拾起地上的书，一

边嘴里还骂雷诺德没长眼睛碰了自己。雷诺德火冒三丈，立刻拔出小匕首刺了过去。查尔斯没躲开，肚子上被扎了很深的一刀，流了很多血。学校的老师和同学看到了，一面把查尔斯送到医院，一面通知警察局。没多久警察就到了，把雷诺德带进警察局关了起来。

雷诺德的爸爸知道了这个消息，第二天就到警察局去探望雷诺德。探望之后，他和警察局长一起给法院的法官打了个电话，然后交给警察局长一笔钱，警察局长就让雷诺德跟他爸爸回家去了。

雷诺德明明干了坏事被抓了，为什么警察局会放了他呢？是不是他爸爸跟警察局长和法官很熟，就用钱买通他们，私下里把雷诺德放了呢？

原来，在很多国家有一种叫"保释"的制度。就是说，当一个人被警察抓了之后，不管他是否真的干了坏事，只要经过法官同意，可以交一笔钱先放出来。这笔钱是保证这个人放出来后不逃跑的"保证金"，保证金的数额大小由法官来决定。在警察局把这个人告到法院之后，他一定要按时到法院去听候发落，最后那笔钱还会还给他。如果这个人被放出来后跑了，就会被马上抓回去关起来，再也不准保释，而且他交的那笔钱也会被国家没收的。

这样做的目的，是为了防止错关了好人，或者把人关得太久。比如，一个人没干坏事，却被关了两个月，这是不公平的；一个人真的干了坏事，警察局先关了他三个月，而后来法院只判关他两个月，那么这个人就被多关了一个月的时间，这也是不公平的。

对那些特别凶狠的坏人，或者以前有过保释出去后又逃跑经历的人，法官自然不会准许他们交了钱就出去。雷诺德虽然刺了查尔斯一刀，但伤得不是很严重，而且他以前也没干过什么坏事，所以法官经过考虑，同意他爸爸交钱把他保释出去。

又过了一些时间，法院认为雷诺德故意伤人罪成立，应该坐半年牢。于是，雷诺德就被送进监狱关了半年。出来后，雷诺德再也不带匕首了，他努力锻炼，身体变得很棒，后来谁也不敢再欺负他了。

泰森被判五年，为什么他只在牢里待了三年就被放了出来

　　泰森是一位美国非常厉害的黑人拳王，他曾经在很长一段时间里打遍天下无敌手。钱赚得越来越多，泰森也越来越骄傲，开始不干正经事，到处吃喝玩乐起来。1991年的一天，他在一次聚会上看中了一位年轻美丽的黑人小姐，当晚就凭着力气大，霸占了她。这位小姐受了欺负，感到十分委屈，就到法院告了泰森，要法院好好地治治他。泰森本以为自己名气很大，而且财大气粗，法院不会拿他怎么样。可是，这回他碰到了一位很严厉的女法官和一个主持正义的陪审团。经过审理，陪审团认为泰森犯了罪，女法官就毫不留情地判了泰森坐五年大牢，泰森只得无可奈何地到监狱里去接受他该得到的那份惩罚。

　　但是，泰森在监狱里面只待了三年多，在1995年初就被放出来了。这是什么道理呢？

　　原来，在很多国家的法律中，都有"假释"的制度。也就是说，被判了刑的犯人，如果在监狱里面表现得比较好，没再干什么坏事，并且有改过自新的表现，就可以把他提前从监狱里放出来。这是为了鼓励表现较好的犯人，给他们一个机会，让他们在和普通人一样的环境里得到改正。但是，并不是

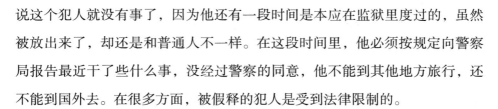

说这个犯人就没有事了，因为他还有一段时间是本应在监狱里度过的，虽然被放出来了，却还是和普通人不一样。在这段时间里，他必须按规定向警察局报告最近干了些什么事，没经过警察的同意，他不能到其他地方旅行，还不能到国外去。在很多方面，被假释的犯人是受到法律限制的。

这段时间里，犯人如果安分守己，没再干坏事，就算他在监狱外把刑服完了。如果他又干了坏事，还会被捉回去，让他重新把没在监狱里呆完的时间呆完。

泰森在监狱里很安分，没有惹是生非，除了完成分配给他做的事以外，还读了一些书，懂了很多以前不懂的道理。他表示以后要好好做人，不再干那些傻事和坏事了。管监狱的人看他的确有悔改的样子，就请示美国司法部的假释委员会。假释委员会仔细考察了泰森在监狱里的表现，最后同意把泰森放出去。泰森在监狱里度过了三年多，的的确确明白了以前的不对。他被放出来以后，又登上了拳击台，开始重新夺回他已经失去的拳王称号。

但是，泰森还是一名在监狱外服刑的犯人，因为他是被假释出来的，还没有过完他本来该在监狱里过的后两年。如果他在拳击台上或台下再干出坏事的话，他还得回监狱去坐完他的牢。

为什么泰森不是被法官，而是被由普通人组成的陪审团认定有罪的

前面我们讲过泰森因为欺负了一位黑人小姐，被判了五年刑。可是，在法庭上做出泰森有罪结论的，并不是那位严厉的女法官，而是由十二名普通

老百姓组成的陪审团。那位女法官只是在陪审团认定泰森犯了罪之后，才判了泰森五年刑。如果陪审团没有认定泰森犯罪，女法官就不可能给泰森判刑，而且要马上把泰森放掉。

在我们国家，判断一个人是否犯罪、判不判刑和判什么刑，是由法官来做出决定的。可是，为什么在美国，会让普通百姓干这种事呢？这是因为美国法律中有一种制度，叫作"陪审团制度"。这个制度是从英国学来的，英国是世界上最早有陪审团制度的国家。

在公元 11 世纪时，英国才逐渐成为一个统一的国家。因为以前英国的各地法律和习惯差异很大，所以法官在审理案件时都要考虑到这个情况。为了让自己的判决符合当地的法律和习惯，不至于出现大错误，法官经常请当地的绅士来做顾问，为审理案件出谋划策。久而久之，到了公元 14 世纪，英国就形成了让老百姓当陪审员的制度。后来，英国人总结了这种制度的好处，认为由一般老百姓来当陪审员，可以防止法官一个人说了算，而且因为陪审团都是普通人，他们根据自己的常识和良心做出的判断，一般来说跟法律的规定不会有太大差别，因为法律实际上也是根据普通人的常识和良心制定的。于是,英国就有了陪审团制度。比较重大的刑事案件,都要有陪审团参加审理。美国建立以后，就把这个制度规定在宪法里面，并且根据美国的情况做了一些改变。

在美国，如果一个人被控告有严重的犯罪，他先要凭良心说自己是有罪还是无罪。如果他认为自己是无罪的，法庭就会组织陪审团来参加审理；如果他认为自己是有罪的，法庭就不组织陪审团。像泰森就认为自己是无罪的，法庭就组成了十二人的陪审团来参加审理。

有陪审团参加的案件，先要由陪审团全体一致地决定这个人是否真的犯了罪。法官在陪审团作出判断之前，是不能给这个人判刑的。当陪审团认为这个人犯了罪，法官才能根据法律给这个人判刑；如果陪审团一致认为这个人没有犯罪，不管法官的想法是怎样的，他只能把这个人放了。如果这个陪审团的意见始终没有统一，那么法院就会解散这个陪审团，再另外召集十二个人组成陪审团，继续审理这个案件。

泰森和他的律师，都不能让陪审团相信泰森没有犯罪，所以陪审团就做出泰森犯了罪的结论。法官根据这个结论和法律的规定，判了泰森五年刑。

特纳开着被偷的汽车被警察抓住后，为什么法院不要他证明自己不是偷车贼，而是要警察局证明他是偷车贼

加里森是一个刚刚高中毕业的美国男孩，因为没有找到工作，就到处闲逛。1990 年冬天的一个晚上，加里森路过一条很小的巷子时，看到有一辆崭新小轿车的车门没有关上，就趁着周围没人，开着这辆车子就跑。

车子的主人第二天发现车没了，就报告给了警察局。而加里森第二天却把这辆汽车卖给了他的中学同学特纳，因为是偷来的车，价钱很便宜。加里森拿了钱就躲到谁也找不到的地方去了。特纳从此高高兴兴地开着这辆车到处跑。又过了一个星期，警察碰巧看到这辆被偷的汽车，就把汽车里的特纳叫出来，问他车子是哪里来的，特纳说是从加里森手里买来的便宜货。但是

警察不相信他的话,把他带到警察局,要他老实交代。因为警察找不到加里森,所以不管特纳怎么说,警察就是不信,一口咬定是特纳偷的车。

警察局不管三七二十一,把特纳当作偷车贼告到法院,要求法院判他坐牢。法院要警察局证明这辆车子的确是特纳偷的,而根本不要特纳证明他没偷这辆车,并且说在警察局拿出可靠的证据前,谁也不能把特纳当成偷车贼。

为什么法院要这样做呢?原来,美国的法院都遵守一条叫"无罪推定"的原则。这个原则的源头可长了,可以追溯到七百多年前的英国。

那时英国有一批造反的贵族把国王抓起来,逼着他在一份叫《大宪章》的文件上签字。这份文件规定了很多原则,都是为了让国王不能随便抓贵族,随便定他们的罪,其中就有"无罪推定"这条原则。

"无罪推定"就是说,如果一个人被告到法院,说是他犯了法,那么法院并不马上把这个人当作犯人对待,而是把他和告他的人一样对待。并且告他的人要负责证明被告犯了法,而被告却不用证明自己没犯法。只有被告真的被其他人或者在事实面前证明是犯了法,他才成为犯人。如果告他的人什么可信的证据也拿不出来,被告就会被认为没有犯罪,法院或者警察局就要把这个人无条件放了。

因为警察局拿不出证据证明是特纳偷的车,法院就把特纳放了。后来过了很长时间,加里森以为没事了,就回到家里,没想到警察马上就知道了,并且把他抓起来了。经过周密的调查,警察局拿出了加里森偷车的证据,因此后来加里森在法庭上被判了刑。

为什么英国最高法院并不是"最高的"

三十年前，怀特·斯蒂尔还是英国的一个大学生，因为对政府干的一些事很不满意，所以就经常搞破坏活动。开始他还只是在街道两旁的墙壁上乱写乱画，后来竟造出了炸弹，并放到英国首都伦敦的地铁里，准备做出"惊天动地"的大事，让全英国都注意他。

这天晚上，伦敦地铁里人来人往，十分繁忙，谁也想不到在他们身边有一颗就要爆炸的炸弹。九点钟刚过，一声"轰隆"巨响，怀特造的炸弹真的爆炸了，一下子炸死了好几个人，还有很多人受了伤。

大家知道这个消息后都很气愤，恨不得把放炸弹的家伙撕成碎片，警察也很努力地寻找凶手。一年多以后，警察终于在一个乡下小镇把怀特·斯蒂尔抓到了。经过了三年的审判，英国的最高法院宣布，判处怀特·期蒂尔死刑。但是怀特不想死，他请律师向英国的"上议院"上诉，要求改变最高法院的判决，留他一条命。"上议院"竟然同意了怀特的请求，推翻了最高法院的判决，不把怀特处死，但要他坐一辈子牢。

按理说，最高法院应当是最有权威的，其他人或者单位是没有权力改变最高法院的决定的。像在我们国家和其他很多国家，只要是最高法院的决定，就像"铁板钉钉"一样，没法再改了。但为什么在英国，最高法院的判决却会被改变呢？

原来，在英国，最高法院并不是真正"最高的"，"上议院"才是真正的最高法院。现在英国的议院有两部分，一个是"下议院"，是由英国普通老百姓选出的代表组成的；另一个是"上议院"，是由英国国王指定的人组成的，这些人都是贵族。议院的所有成员都叫作议员。

但是在四百年前，英国的议院不分上议院还是下议院，所有议员都在一起做事，而且抱成一团，不管是贵族还是老百姓，都反对国王的胡作非为。而国王却总是不老实，想在人民身上捞到更多的好处。那时的法院总站在国王一边，被称为"国王的走狗"。于是，议院和国王之间发生了战争。仗打了好多年，也没分出胜负，大家只好坐下来谈判。但这样一来，国王就没有以前那么威风了，他干什么都要先和议院商量，议院同意了才能继续干。议院为防止法院再帮国王干坏事，还专门定了些规矩，其中有一条就是：最高法院判的案子，议院可以推翻。

到了两百多年前，英国的上议院和下议院之间进一步分工的时候，就把管法院的权力给了上议院。即使是最高法院的判决，上议院也可以推翻。所以，怀特·斯蒂尔虽然在最高法院被判死刑，但还可以推翻。怀特·斯蒂尔逃脱了死刑，但因为他干的事实在太坏，现在还被关在监狱里，他到死也不会被放出来。

为什么英国女王不管国家大事

现在的英国国王是个女的，叫作伊丽莎白女王。她是世界上最有钱的妇女之一，可是，她却几乎管不了英国的事情。伊丽莎白女王平时只做些跟国家大事无关的事，比如，看书看报、养花养狗、旅游赛马什么的，根本不像

一国之主，倒像是一个普通的有钱人。英国的国家大事基本上都是由英国首相来处理，这个首相名义上算是她的第一重要的大臣。

那么，英国女王怎么会不管国家大事，而是要由大臣来管呢？

其实，在几百年以前，英国的国王是什么都管的，根本不像现在的国王。只是经过了一次大变动，英国的国王才变

成现在这样，不能管国家大事了。

1625年，查理一世当上了英国国王。因为他的爸爸当国王时乱花钱，搞得查理一世的口袋里没剩下多少钱，查理一世就想跟英国国会商量怎样从老百姓手里多收些钱。国会早就对国王乱花钱、乱收钱行为烦透了，开始并不同意查理的计划，后来查理骗国会说他以后不再干这种事了，国会就给了他一大笔钱。但是，查理得到钱后马上解散了国会，而且对国会里反对他的议员进行残酷的迫害，另外还经常强迫老百姓交钱给他。

又过了十几年，查理国王跟外国打仗失败了，战争的花费是很大的，这样一来，他又缺钱了，就又想从国会骗钱，便重新召集议员开会。但是这次国会没上当，不仅不给钱，还要把查理国王给废掉。查理一看势头不对，就开始跟国会打仗，要强迫国会听他的，这一仗一直打了二十年。虽然，国会占一点优势，但总是不能把国王制服。所以，两边就停战了。查理一世在停战时已经死了，他的儿子查理二世当了国王。可是，就像狗改不了吃屎一样，

查理二世一当上国王又像他爸爸一样胡作非为。1685 年查理二世死后，他的弟弟詹姆斯当了国王，也没干好事。

国会实在没法忍受了，就决定换一个国王。那时，荷兰的威廉亲王比较能干，并且是詹姆斯的女婿。于是，国会就秘密地把威廉亲王请到英国，然后发动政变，把詹姆斯废了。因为英国国会和英国人实在是受够了国王的气，就在威廉当国王之前跟他讲好条件。这些条件有：未经国会同意，国王不能废止法律；不能征税；在平时国王不能有军队；不能干涉国会的事；国会经常开会，国王不能解散等。这被称为"君主立宪制"。也就是说，国王也必须遵守法律，不能超越法律，而且遇到大事都要和国会里面有威信的议员商量。

经过这样的大变动，英国的国王就再也没有以前那么大的权力了，而且国会一天天地把管理国家大事的权力集中到了自己手中。再到后来，连国王自己的大臣都由国会选出，而国王只有接受的份儿。最后，英国的国王就变成现在这样，成了英国的象征，而不真正管理国家，真正管理英国的是那些大臣们。

现在这种情况在其他国家也有。日本、瑞典、挪威、比利时、荷兰、西班牙都是这样的国家。他们的国王基本上都不管国家大事，只是作为国家的象征，真正管理国家的是国会或者是政府。

为什么在英国有上议院和下议院之分

1991 年，著名的英国女首相撒切尔夫人因为她的支持者再也不支持她了，不得不辞去首相职务。紧接着，一个几乎谁也不熟悉的人当上了英国首相，

这个人就是梅杰。因为英国的国王是不管国家大事的，英国首相才是真正的实力派人物，按道理这人应当是经过人民选举出来的，可梅杰并不是由人民投票选举出来的。这是什么道理呢？

前面我们已经讲过，英国有两个议院，一个是由国王指定的英国贵族组成的上议院，另外一个是每隔几年由人民投票选出的代表组成的下议院。因为上议院的议员是国王指定的，他们的权力就没有下议院大，而下议院凭着人民的信任，就有权处理很多国家大事。

在两百多年前，英国就有了个规矩，就是国家的大臣一定得是下议院的议员，所以凡是英国的大臣都是经过人民选出的下议院议员。下议院的议员为了让自己更有可能当上大臣，就和跟自己志同道合的议员抱成团，反对自己的对手。

时间久了，下议院就分裂成两个大集团，这两个集团一个叫保守党，一个叫工党。如果一次全国选举之后，在下议院里，一个集团的人比另外一个集团的人多，人多的一个集团就被称为"多数党"，多数党就可以利用"少数服从多数"的规矩，做他们想做的事。在他们想做的事之中，当上大臣是第一重要的事。因此，国家的大臣都是多数党的成员。至于大臣里面最重要的首相，自然是由多数党的头儿来担任了。

　　这些规定都不是法律规定的，而是一些被英国人认为理所当然的习惯。按照这些习惯，当上比较重要大臣的议员，被称为"内阁成员"。因为大臣们人数多，只有其中比较重要的十几个人是核心，一遇到大事他们就在密室里关上门讨论问题，"内阁"这个词在英文里就是密室的意思。

　　撒切尔夫人和梅杰一样，都是保守党的成员。1991年，撒切尔夫人当首相时，保守党在下议院里占多数，而且离改选议员还有很长一段时间。她本以为自己的首相宝座高枕无忧，不必担心工党的人和她争首相宝座，没想到却在自己的党里面闹翻了天。有很多人对她的一些做法不满意，就私下联络，要推翻她。那时，梅杰是撒切尔夫人的重要助手，不得到他的支持，就不可能推翻撒切尔夫人。于是，这些人就告诉梅杰，说是只要他出力，在撒切尔夫人垮台后，他们就让他当首相。

　　所以，梅杰就取代了撒切尔夫人，当上了保守党的头儿。因为在下议院里保守党占多数，保守党就把梅杰推到了首相的宝座上了。而梅杰当首相，的确是没经过英国人民的同意。不光是梅杰，以前所有的英国首相都是这样当上的。

为什么英国上议院辩论时，发言的议员必须站在两条白线后面

前面我们讲过，在英国的下议院里，保守党和工党是两个大集团。每个党都拥有很多议员，在通过法律或者做出决定之前，他们都要经过激烈的讨论，几乎每部法律和每个决定都是经过吵架似的辩论后通过的。而保守党和工党的议员更是水火不相容，就像赌气的孩子一样，对几乎每个问题都要纠

缠不清。

可是，无论辩论如何激烈，气氛如何不友好，就算吵得不可开交，这些辩论的议员都会站在两条平等的白线后面，绝不会越过这两条白线半步。两条白线之间的距离有四米左右，线划在地上，毫不起眼。可为什么议员们不

敢越过它们呢？难道这两条白线有魔力吗？

其实，这两条白线是由很普通的小石子砌成的，一点儿魔力也没有，只不过存在的时间倒是蛮久的。这两条白线在五百年前就有了。

那时英国的下议院里，还没有什么保守党、工党，议员们都是各自为政的。只要看不惯谁的样子、听不惯谁的发言，他们都会马上说出来。这样往往会引起争端，本来是讨论问题的，却常变成吵架，而吵架有时又会变成打架。那时有点身份的外国人，身边都是佩着宝剑的，这不光是为了看上去神气，在碰到有损自己尊严的事情时，他们会拔剑相向。所以，有几次在下议院里，本来是辩论的议员最后开始了决斗，在下议院的屋子里挥着宝剑乱砍乱杀，还出了几回人命。

稍微有脑子的议员都觉得这样是不行的，打架解决不了问题，还会无意地让人流血。于是他们就在地上划出两条线，劝说那些辩论的议员站在两条线后面。因为两条线之间的距离，正好可以让两个使剑的对手用不上劲，这样就可以防止议员之间用剑来伤害对方。

这本来是个不得已的办法。可不知怎的，议员们都不约而同地站在白线后辩论。这是因为英国法律有一种特别之处：在英国有些习惯经过了很长时间都没有被打破，而且人们普遍觉得这样做很好，那么就没有人敢轻易打破这些习惯。这些习惯被称为"不成文法"，但这些习惯不是议会制定的，也没有哪部法律对它们有规定。

在英国，不成文法的地位相当高，甚至比一般的法律还受重视。谁违反了不成文法，就会像违反了成文法一样受到人民的严厉批评，甚至受到法律的制裁。像议员站在白线后辩论就是一个不成文法，直到今天议员们还是老老实实地遵守着，谁也不敢越雷池半步。

为什么英国的法官和律师在法庭上要戴假发

　　小奇正在看电视，新闻节目里讲英国的法庭审判一个大坏蛋，他连续杀了七个人。小奇发现，电视里的英国法官头上好像有一团白乎乎的东西，可怎么也看不清究竟是什么，就问爸爸那是什么。爸爸仔细地看了看，告诉小奇那是假发，但是为什么英国法官要戴假发，爸爸也讲不出道理来。

　　其实，在英国的法庭上，不仅仅是法官要戴假发，律师也要戴假发。这是一个有悠久历史的传统。

　　在六百多年以前，英国还是一个落后的国家，不管是国王还是贵族，都是一身土气。而那时法国是欧洲最强大、最有气派的国家。所以，英国人认为，他们的很多东西都不如邻居法国好。于是，法国有了什么新鲜玩意儿，英国人都不管三七二十一地学过来。而那时的英国人和法国人，都没有洗澡的习惯，一般人一辈子只有在出生和死的时候才洗澡，连国王也好不到哪儿去，也经常不洗澡。因此，大多数法国人全身上下都臭烘烘的，头发也乱糟糟的。但总是这样也难受，于是法国人就往身上喷香水。后来法国香水出名，就是因为法国人最先用它来掩盖身上的臭气，以后他们继续研究制造出更好的香水。

但头上怎么办呢？就算头上喷了再多的香水，也没法把头发弄整齐。后来有个讲究的法国老爷想出了个办法，就是头上戴假发。于是他用最好的绵羊毛做了顶假发，再往假发上喷了好些香水。弄好了他就去见法国国王，国王一看十分满意，就让全体法国人都学这个人戴假发。没过多久，法国的贵族中就开始流行戴假发了。因为假发很不容易做，那时一顶好的假发值很多钱，所以也只有贵族才戴得起。

英国贵族看到法国贵族都时兴戴假发，也就学着戴假发。那时的法官、律师都是贵族担任的，因此那时英国的法官、律师都戴假发。时间一久，这就成了习惯。如果有法官或者律师不戴假发到法庭去，就会被认为有损于法官和律师的尊严，会被挡在外面不让进去。

英国是一个很奇怪的国家，在这里什么东西只要成为习惯，再要改变它就十分困难，英国人会不管有没有道理，拼命保护他们的习惯。在法官、律师戴假发这种事上也是这样。经过几百年，英国人和法国人一样，都已经不像以前那样不讲卫生了，他们几乎每天都洗澡，身上、头上都很干净，除了秃顶的人，基本上没有人戴假发了。但是，法官和律师的假发却脱不下来。因为有很多的反对意见，说这是老祖宗留下来的习惯，只有这样，法官、律师才像个样。所以到现在英国的法官和律师在法庭上，还得戴着白色的假发。不管春夏秋冬，他们都得装模作样地戴着假发出庭。

为什么英国的律师有大律师和小律师之分

　　刘德华是香港著名演员，在前些年他连续拍了好几部关于"大律师"的电影。在电影里他扮演一位很有正义感的"皇家大律师"，头戴银色假发，在法庭上口若悬河地为人辩护，使很多受冤枉的人免受牢狱之灾。

　　为什么香港的律师有大小之分呢？这是因为香港从1842年就被英国占领，本来属于中国的香港成了英国殖民地，从那时起香港的法律制度全部都采用英国法律制度，律师这一套也是跟英国一样的。而在英国，律师是有大律师和小律师之分的。

　　在几百年前的英国，律师还不是谁都能当的，要当律师就一定得是贵族，而且还要上过大学。所以，那时候的英国只有很少的一些律师。这些贵族律师自命清高，为了表示自己高人一等，专门给自己定下了很多臭规矩。比如，他们不和不是贵族的当事人见面谈话，也不直接从他们手里收取金钱，也不会亲自去跟警察局打交道，他们只坐在富丽堂皇的办公室里为上法庭做准备。但是，有些事一定得有人去做，而且一定得是懂法律的人。所以，这些律师就请了一些懂法律的助手，因为这些助手都不是贵族，他们就可以不受贵族律师那些臭规矩的约束，专门为贵族律师服务。但是，这些助手不能到法庭上去。

　　这样，英国就有了两类律师：一类是"大律师"，就是那些贵族律师；

另一类是大律师的助手，叫"小律师"。后来，两种律师的职务范围又有了一些改变。大律师成为出席高级法庭进行辩护的高级律师；小律师成为从事事务性工作、出席初级法庭辩护的初级律师。但是，平时人们还是按习惯把他们称为"大律师"或"小律师"。而且，跟以前一样，大律师是不能做该小律师做的事的，小律师也不能做该大律师做的事。

有的大律师因为工作出色，而且当大律师的时间很长，受到了人们的尊敬，英国政府为了表彰他们，就授予他们"皇家大律师"的称号。这并不是说他们只能为英国的王室打官司，而是一旦获得"皇家大律师"称号的人，人们会因为皇家大律师的经验和名气，而更愿意请他们去帮着打官司，因而能挣到更多的钱罢了。

为什么英国大律师的衣服背后有一个小口袋

英国的大律师在出庭时，都身穿黑色的大袍子，在大袍子的背后都有一个不起眼的小口袋。这个口袋一点用处没有，既不放东西，也放不下什么东西。那为什么会有这个口袋的呢？

这个小口袋的由来，还有一段很有趣的故事呢。

前面我们讲过英国的律师分为大律师和小律师。在最初，大律师有很多讲究，这些讲究给他们自己带来很多不便，于是他们就请小律师做自己的助手。因为大律师不能直接从当事人手里收钱，就把这事儿交给小律师去办，可是他们又担心小律师私自把钱扣下一部分，让自己吃了亏。有个自以为很聪明的大律师就想出了一个"好主意"：在他的大袍子背后做个小口袋。因

为大律师上法庭为当事人辩护时，是坐在当事人的前面，每当他们自以为讲得很精彩时，就向后面的当事人做一个手势，让当事人往那个小口袋里塞钱。如果当事人不给，他们接下来就会马马虎虎地辩护；如果当事人给钱，而且很多，他们就会认认真真地辩护。这样，他以为可以用这种办法，既保全自己的面子，又没在钱上吃亏。

时间一久，英国所有的大律师都学会了这个把戏，每个律师的大袍子后面都有了个小口袋。可是社会是发展的，现在的英国，大律师再不是只有贵族能当得了，只要有本事，一般老百姓也可以当大律师了。英国的人民觉得，大律师靠小口袋向当事人讨钱的行为太丢脸了，这个小口袋成为全英国人的笑料。所以，渐渐地大律师身后的那个小口袋也不再用来让当事人塞钱了。可是，为了让所有的律师都记住那段时间他们做的事有多傻，这个小口袋就被保留下来了。

英国大律师的衣服上不仅有小口袋，他们的衣服颜色也很有讲究。一般的大律师在法庭上穿的衣服是黑色的，而皇家大律师的衣服却是紫色的。因此，只要看衣服颜色，就可以分辨出英国大律师的身份。

为什么建立一个新国家还要得到其他国家的承认

1993 年 1 月 1 日，非洲大陆上诞生了一个新国家——厄立特里亚。这个国家刚刚成立，就马上派出代表到很多国家去，要求这些国家承认厄利特里

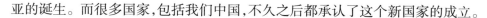
亚的诞生。而很多国家，包括我们中国，不久之后都承认了这个新国家的成立。

建立一个新国家是这个国家和人民的事，为什么还要得到其他国家的承认呢？难到别的国家不承认，就不能建立一个新国家吗？

一个新国家要得到国际上的承认，这是一个国际法的原则，这个原则是几百年前在欧洲确立的。那时的欧洲有很多的王国，它们之间经常打仗，打胜了的国王通常并把失败的国家吞并到自己的王国里，而是使自己同时成为两个国家的国王。像八百年前，英格兰的国王威廉就同时是四个王国的国王。

另外，每个王国里面有时也会出现改朝换代的事。前国王的家族被别的家族推翻了，由新当权的家族中的人来担任国王。

那时一个国王登基，必须得到罗马教皇的同意，并在天主教堂里举行加冕典礼。因为那时几乎所有的欧洲人都信仰天主教。天主教认为：上帝最崇高，是世界上一切的主宰，而他在人世间的代表就是罗马教皇；而每个国家的国王只不过是帮助教皇来统  治人民的，他们的地位低于教皇。所以，教皇承认的国王才能成为国家的真正统治者，加冕典礼就是教皇承认国王的仪式。如果教皇不承认，任何人可以不服从他的权威，新国王就会被推翻。

那时教皇的权力是很大的，他同意的事其他国王是不敢反对的。得到教皇承认的新国王，就等于得到了全欧洲的承认。所以，那时的新国王千方百计地和教皇搞好关系，想尽快地获得他的承认。

后来，教皇的地位下降了，新王国诞生时有没有教皇的承认也无所谓了。但是，新王国建立时获得国际承认的习惯却在欧洲保留下来了。一个国家承认新国家的建立，就意味着承认它是这片土地的合法主人，愿意和这个新国家友好相处。

后来，欧洲的西班牙、葡萄牙、英国、法国、荷兰变得非常强大，它们凭借自己的武力，把势力扩展到全世界，也把它们习惯的做法带到了全世界。像新国家建立时要得到国际社会承认的习惯，就是从欧洲传到全世界的。如果新国家没有获得广泛的国际承认，就会遇到很大的麻烦。

我们的新中国在 1949 年成立时，马上就获得了很多国家的承认。但是，美国和其他一些国家迟迟不承认新中国，还阻挠新中国进入联合国。但是，经过我们国家的外交努力，越来越多的国家承认了新中国，美国最后也只好承认了我们。

为什么日本的宪法不允许日本有自己的军队

在日本，有一个叫作国民自卫队的军事组织。国民自卫队跟其他国家的军队一样，有枪有炮有飞机，甚至比很多国家的军队还厉害，可是为什么这支武器装备齐全的队伍不叫军队呢？原来，日本的法律规定了日本不能有军队。那么，为什么会有国民自卫队呢？

日本以前也是有自己的军队的，但在第二次世界大战时，日本军队在亚洲和太平洋的很多地方烧杀掠夺，无恶不作，丧尽天良，给其他国家的人民带来了无穷的痛苦。但是，凶恶的日本军队最终还是被各国组成的盟军打败了。第二次世界大战刚结束，1945 年以美国为代表的盟军在麦克阿瑟将军的率领下占领了日本。

为了让日本以后不再干出伤天害理的事，盟军决定要从根本上改变日本，那么首先就要拔掉日本军队这颗毒牙。于是，在盟军监督下重新制定法律时，他们就在日本的宪法中明确规定日本永远放弃军队。这样，日本就没有了军队。

可是，没过多久就爆发了朝鲜战争，占领日本的美国军队大部分调到朝鲜去和朝鲜人民军和中国人民志愿军打仗。日本光靠剩下的一点点美国军队和很少的日本警察来维持秩序，美国对此感到不放心，害怕日本一旦发生内乱之类的事情，会使朝鲜战争美国军队没有稳定的后方。因此，美国就想出了一个办法，让日本成立一个类似于军队的组织，负责日本的国防，但这个组织不叫做军队，而叫作国民自卫队。这样，美国军队就可以放心地到朝鲜打仗了。

1953 年朝鲜战争结束了。按道理日本的国民自卫队也完成了任务，应

该撤销了。可是，当时美国和苏联、中国的关系很紧张，美国认为自己要对付这两个强大的国家，实在有点人单势孤。而且隔着一个太平洋，一旦发生了什么事，自己再从美国派兵到亚洲，非常不方便。况且，美国还想利用日本的有利地理位置，跟中国和当时的苏联对抗。于是，美国就没让日本国民自卫队解散，反而给了日本国民自卫队很多新式武器，还派人去训练国民自卫队。

这样，时间一长，日本的国民自卫队就自然而然地保存下来了。在之后的几十年间，日本的经济越来越好。到目前，日本的国民自卫队已经成为世界上很强大的武装力量。但是，国民自卫队仍然不叫军队。

为什么日本的律师、法官和检察官都被叫作"法曹"

小沈的爸爸妈妈在日本留学了四五年，很想念他，就托一个到中国玩的日本朋友把小沈带到日本去。这位日本朋友找到小沈家，用中国话告诉小沈他要带他去日本。看到这位日本叔叔会说中国话，小沈就问这问那。小沈问："叔叔是干什么的？"日本叔叔说："我是法曹。"小沈又问："法曹是干什么的？"但这位日本叔叔的中国话没学多久，怎么讲也讲不清。

那么，在日本，法曹究竟是干什么的呢？为什么叫法曹呢？

原来，在日本话里，法曹的意思是"干法律这一行的人"，是对律师、检察官和法官很尊敬的称呼。但是，在我们国家和其他国家，律师就是律师，检察官就是检察官，法官就是法官，不会把他们叫成同一个名字。那么，日本为什么会用"法曹"来称呼律师、检察官和法官呢？

其实，"法曹"这个词还是从我们中国传到日本去的哩。在我国魏晋南北朝时，中央政府和地方政府里面都有很多部门，那时把这些部门称为"曹"。管什么事就叫"某某曹"。那时就把从事法律事务的人和部门统称为"法曹"，意思是"管理法律事务的部门"。

日本在一百多年前进行"明治维新"时，推行"司法专业化"，就是要求从事司法工作的人都要精通法律，而且不能是兼职的。为了给这些做法律工作的人一个统称，日本就从我们中国的古书里借用了"法曹"这个词。

在日本，一个人要做律师、检察官或者法官的话，他都要先读很多年的书，等到大学毕业后，再去参加全国统一的考试。这种考试是律师、检察官和法官都必须通过的，题目很难，每年只有很少的人通过。如果没有通过就永远不可能当律师、检察官或者法官。

因为通过考试很不容易，所以通过考试的人都很珍贵。而且其他人也很

尊敬他们，就叫他们"法曹"。在日本，不管是律师、法官或者是检察官，他们的工资都很高，工作也很轻松。所以，虽然考试很难，但每年参加考试的人很多。

日本的法官，他们先前都是做过律师的。经过很多年的实践，被认为是很好的律师才能被挑选成为法官。而日本的检察官也可以改行做律师。因此，在日本，律师、法官和检察官的身份是会变的。但不管怎么变，只要还是干法律这一行，就会被叫作"法曹"。

为什么小杰瑞在法庭上哭个不停，会被法官关进监狱

1990 年，在英国发生了一件让人哭笑不得的事。小杰瑞刚刚生下来七个月，是个胖乎乎的乖宝宝。但是，他的爸爸和妈妈却在闹离婚。这天法院开始审理杰瑞爸妈的离婚案，杰瑞的妈妈就抱着他来到法庭。杰瑞开始还是老老实实地在妈妈怀里玩儿，可是法官一出现在法庭上，他不知怎的就哭开了，而且声音越来越大，好像越哭越伤心。法官要杰瑞的妈妈止住他，可是杰瑞就是哭个不停。法官很生气，马上要法庭上的警察把小杰瑞带走，关进监狱五天，说是小杰瑞犯了"藐视法庭罪"。

"藐视法庭罪"是什么罪呢？法官判小杰瑞犯"藐视法庭罪"合理吗？

"藐视法庭罪"的罪名最早是在英国定下来的。九百多年前，英国刚刚被一位能征善战的国王统一，他和后来的国王向全国各地派了很多法官，让

这些法官审理各地的案子。那时候，不论是法官还是一般百姓都很随便，法庭也不像现在这样正规。法官到了一个地方，随便找一个小酒店或是小客栈，甚至干脆就在露天，便开始审理案件，来旁听的人也爱来就来，爱走就走，旁听的时候自己爱干什么都没人管，有的小商小贩也会乘着人多来做买卖。

这种情况持续了很久，但是渐渐地法官和国王都觉得这样的法庭太不严肃，有损于他们的威严。于是，他们就把法官审理案件的地方固定下来，成为真正的法庭。在法庭上是绝对不能让小商小贩来做生意的，但是旁听的人还像以前那样没有秩序,法官对此很头痛。有位法官想出了一个办法,他认为：因为法官是代表国王的，所以在法庭上任何人都应当对国王的代表表示尊敬。根据他的理论，法官可以立即判处在法庭上捣乱或不听话的人蹲监狱，不用

再进行审理。因为他们冒犯了国王的威严，而且是当着法官的面。

后来，全英国的法官都采用了他的主张，并称之为"藐视法庭罪"。20世纪有一段时间，英国的法官判很多人犯了"藐视法庭罪"。牛津大学有个学生感到法官太专横了，就想好好地治治他们。他从实验室里偷出了一种无色无味的气体，用铁罐装好放在英国最高法院的一间法庭里。等法庭开始审理案件的时候，他把铁罐悄悄打开。让气体弥漫在法庭里。只见法庭里的所有人像是遇到开心事一样，不管是法官、书记员，还是律师、当事人，还是旁听的人，全都笑个不停。法官一边大笑，一边用小槌子在桌上拼命地敲，要大家保持肃静，可是，大家还是像神经病一样笑个不停。原来，这个大学生放的是"笑气"，任何人闻到它都会不由自主地大笑不停。他用"笑气"让法官出够了洋相。

法官判小杰瑞犯"藐视法庭罪"，自然是毫无道理的。因为七个月的小宝宝还没有跟谁故意捣乱的想法，更不用说会"藐视法庭"了。英国人都觉得这个法官太荒唐，报纸、电视都批评这个法官。法官只好又马上把小杰瑞给放了。

为什么英国的汽车都靠左行，而在其他大多数国家汽车是靠右行的

大家在看电影和电视时，只要细心一点儿就会发现：在英国，汽车都是靠左边走，跟我们国家正好相反。难道英国人都是左撇子，走右不习惯吗？

其实，英国人和我们一样，大多数是右撇子。他们国家的汽车靠左边走是因为一个古老的习惯。在五六百年前，世界上还没有汽车，连马车也很少，而且还没有用来载人。一般人都靠两条腿走路，有钱人才能骑马。

那时的英国，和其他欧洲国家一样，都有一些人靠跟着国王打仗为生，既能得到战利品，又能获得国王的封赏。他们平时也爱舞枪弄剑，骑着马四处游荡，行侠仗义，被人称为"骑士"。骑士出门总是带着宝剑防身。因为大多数人都是右撇子，所以骑士们的宝剑都挎在左边，一遇到敌人就可以很快用右手拔出来。他们都沿着路的左边走，因为这样右手里的宝剑最能发挥威力，而且不用怕敌人从右边偷袭。久而久之，所有骑士

都靠路的左边走了。又过了大概两百年，马车成为城市里主要的交通工具时，仍然保持了这个习惯，靠左行。

在中国发明的火药传到欧洲以后，火器逐渐取代了刀剑。使用火枪需要用左手托住枪身，用右手扣动点火的火绳，在路上走的枪手自然而然地都靠右走，使迎面而来的潜在敌人处于自己的枪口之下。欧洲大陆普及火器的时间比英国早。1736年，萨克森公国规定：在横跨易北的德累斯顿大桥上，所有的行人都必须靠右走。这是世界上第一个靠右行的法令。

而在美国，从一开始，人们不管走路、骑马，还是坐马车，都是靠右的。因为美国的历史很短，英国人到美国时是三百多年前，那时已经不再使用宝剑了，也没有骑士了，一般人都用手枪来防身，手枪都挎在右腰上，人们很

容易就能拔出来。为了让自己处于有利地位，既能威胁敌人，又能防备偷袭，美国人都靠右边走，在城市里，马车也是靠右边走的。

　　一百多年前，德国人本茨发明了汽车。汽车逐渐代替了马车，成为城市的主要交通工具。因为汽车的速度比马车快多了，不定些规矩让汽车乱跑，实在太危险了。于是，各国都逐渐制定了交通法规。在英国，汽车沿用了马车的习惯，靠左边行；在美国，汽车靠右行。后来，其他国家在制定交通法规时，有的学习英国，汽车靠左行，像日本；但是大多数国家学习美国，汽车靠右行。

为什么爱尔兰的宪法曾经规定不准离婚

我们都知道，当一对夫妻之间的感情变得不好，在一起生活很痛苦时，他们可以离婚，另外建立家庭，开始新生活。大多数国家的法律都是这样规定的，因为让感情不好的夫妻再生活在一起这对大家都不好。但是，并不是所有的国家都这样。在爱尔兰，这个国家的宪法就曾经明文规定，任何人只要结婚了就不准离婚。这是为什么呢？

原来，爱尔兰是一个天主教国家。就是说，几乎每个爱尔兰人从生下来就是天主教徒，他们在世界上干什么都要遵守天主教的规矩。而天主教是信奉上帝的，它认为每个天主教徒对上帝许下的诺言，他一辈子都要遵守，不能违反。在爱尔兰，因为大家都是天主教徒，所以很多天主教的规矩都变成了法律。

天主教徒在结婚时，都要到教堂去举行结婚典礼。他们要在牧师面前，向上帝发誓，男的说："我愿意跟我妻子结婚，一辈子忠于她，爱护她，不遗弃她，不管是贫穷、疾病，还是战乱，任何事都不能把我们分开，直到死亡。"女的说："我愿意和我丈夫结婚，一辈子忠于他，爱护他，服从他，不管是贫穷、疾病，还是战乱，
任何事都不能把我们分开，直到死亡。"这是每个天主教徒结婚时，都必须说的话，一点儿不能省略。

这样，在爱尔兰这个天主教国家里，一个人结婚后，就应当永远遵守自己结婚时许下的诺言，不能有离婚的想法，更不能要求离婚。这本来是一种宗教习惯，但是因为以前的爱尔兰人都认为这样做是最好的，于是他们国家的宪法就按照天主教的规矩，禁止爱尔兰人离婚了。

可是，到了现代，人们再不像几百年前那样看待离婚了，而且上帝在人们心中也不再像以前那样有权威了。人们发现，强迫不再相爱的夫妻生活在一起，既对他们自己没好处，对他们的孩子没好处，对其他人也没好处。所以，很多有识之士都建议取消"禁止离婚"这一条法律规定。

爱尔兰政府便开始考虑这个问题。在争论了很长时间后，1995年11月，由全体爱尔兰人通过投票来决定宪法是否应该准许人们离婚。据最新消息，多数爱尔兰人投票赞成允许离婚，所以他们国家的宪法就要修改了。在不久以后，爱尔兰人也可以离婚了。

为什么英国至今没有一部正式的宪法

世界上几乎所有的国家都有自己的宪法。宪法是一个国家最重要的法律，它规定了这个国家应当遵守的最基本的原则和制度；宪法一旦制定好了，就不能随便修改、废除，要经过特别的程序才可以作修改；其他的法律都必须遵照宪法来制订、修改，而且不能和宪法相违背。

而英国却和其他国家有点儿不一样，找遍所有的英国法律，你也找不到一部正式的宪法。为什么英国没有一部正式的宪法呢？

英国事实上有自己的宪法，只不过他们的宪法和其他国家不一样。英国宪法主要是由很多零散的法律组成的，这些法律最早的在七百年前就制定了，有的晚一点儿，还有的是一百年来陆续制定的。但是，英国从来没打算把这些法律整理成一部正式的宪法。

在七百多年前，全世界还没有一个国家有宪法，那时连什么叫"宪法"大家都不知道。那时的英国国王叫约翰，他挑起了和法国的战争，结果英国一败涂地，输得惨透了。这让英国国内的贵族和平民百姓很不满意。约翰不仅打败仗，还在国内横征暴敛，迫害一切反对他的人，不论是平民百姓，还是贵族。

有一些胆子大点儿的贵族受不了约翰的迫害，就乘他不留神，把他抓了起来，逼着他在一份叫《大宪章》的文件上签字，要他以后遵守文件里定下的规矩。这份文件里规定：国王不能随便抓人把人关进监狱；如要给人定罪，一定要经过法院审理；国王一定要召开国会，和全体贵族讨论国家大事；没有国会的许可不能征税，等等。这份文件后来被称为《自由大宪章》，是英国最早的有关国家基本原则和制度的法律，也是世界上第一部有宪法性质的法律文件。但是，《自由大宪章》的内容还很不全面，所以后来英国又遇到许多重大问题，都很难解决。因此，英国在五百年前制定了《权利法案》，四百多年前又制定了《王位继承法》，此外还有其他一些法律。这些法律从各个方面来维护英国最根本的制度，保护人民的权利，限制国王的权力，保证国家正常运行。这些法律一般是不随便修改的，虽然不是一部完整的宪法，但英国上上下下都习以为常了，认为这也没什么不好，用不着跟其他国家学，搞出一本《宪法》什么的东西来。

另外，英国还有一些没有制订成宪法的习惯，这些习惯也极为重要，不遵守它们英国就会乱成一团。比如，英国首相由议会里多数派的领袖来担任，所有的大臣都由首相来挑选，等等。可是，英国人也认为没有必要把这些习惯都制定成法律，就让它们继续作为习惯吧，反正不会有人来违反它们。

这样，英国就靠着一些重要的法律，和一些跟法律地位差不多的习惯来起到宪法的作用。所以直到现在，英国还没有一部正式的宪法。

为什么法国的检察官被称为"站着的法官"

在法国，报纸、电台和电视里面经常有关于刑事审判的报道，只要涉及检察官的地方，他们就会称这些检察官是"站着的法官"。为什么会有这样的称呼呢？

其实，法国的检察官和法官是有很大不同的，只是他们的权力比起其他国家的同行要大得多，才会被称为"站着的法官"。

法国在很早以前就有了检察官。那时的法国还是由国王统治着，他任命了很多自己的代表到全国各地去监督法院。这些国王的代表有很大的权力，他们不仅可以向国王报告法院审理案子的情况，还可以根据国王制定的法律更正法院的错误，他们在平时还负责把警察抓到的人送到法院去审理。有时他们甚至还可以不经过法院就把反对国王的人投进监狱。

他们之所以能有这些权力都是因为有国王撑腰，他们根本不把法院的法官放在自己的眼里，他们认为自己是代表国王来监督法院的，是国王权力的化身。

在两百多年前，法国发生了一场大革命。国王被人民推翻了，建立了共和国，国王的检察官和法官都不再有以前的权力了。但是，新的政府想来想去，觉得国家总得靠法律来治理，这都得靠能干的人去做工作。于是，新政府就重新建立了检察官制度。这些检察官不再是国王的代表，而是人民的代表，但他们仍然有以前检察官的权力，而且有的方面比以前国王的检察官的权力还大得多。

法国大革命时的检察官很有权威，想叫谁进监狱谁就得进监狱，想叫谁死谁就得死。只要检察官怀疑谁，这人就几乎肯定会被法官判为有罪。当时法国的很多人都被检察官送进了监狱，或者送上了断头台。虽然，所有的案子都要经过法官的审理，但在大革命时的法国，法官简直就成了摆设，随意听检察官的摆布。于是，法国人就称检察官为"站着的法官"。因为在法庭上，法官是不用站起来说话的，而检察官发言时是要起立的。

为什么法国过去的死刑要在断头台执行

1976 年法国废除了死刑。在那之前，法国是世界上唯一一个用断头台来执行死刑的国家。死刑一废除，最后一台断头台也就失去了作用，被送进了巴黎一座监狱的贮藏室里。

断头台是什么样子的？它是两根高 4.5 米的立柱，一根横梁固定在这两根立柱的顶上；在横梁下面悬挂着一把斜刃的铡刀，刀背上固定着 30 公斤重的铁锤，刀口很薄很锋利，只要把挂刀的绳子一松，这把铡刀就会又快又狠地往下斩；在铡刀的正下方，有个木头做的枷锁，它的正中有一个圆洞，正好能把人的脖子卡住，铡刀就从这儿把人的头给剁下来。

为什么法国要用断头台来执行死刑呢？

其实，法国在三百多年前还没有用断头台，那时法国和其他欧洲国家一样是用大斧头来砍头的。处决犯人都是在闹市，当着老百姓的面，刽子手舞动大斧，把判了死刑的平民犯送上西天。对于贵族死刑犯则要用长剑来砍头。

那时的刽子手是祖传的职业砍头人，是子承父业。可是，砍头对刽子手的胆量、力量和用斧的技术要求很高，不是每个世袭的刽子手都能达到这些要求的。所以，经常会出现一斧子没把死刑犯他们砍死的事，有时要补上好几下才行。

法国大革命时，有一个原来当医生的制宪议会成员吉约坦主张"死刑平等"，要统一用断头机械来执行死刑。当时有人设计出了断头台，但断头台的那把铡刀还不是斜刃的，而是新月形的。当时的法国国王路易十六认为新月形的刀口容易被崩坏，于是他建议改进成斜刃的刀口。这样，断头台刀口就不容易坏了。1791 年，法国通过一项议会立法，规定死刑一律采用这种新发明的机械。

路易十六万万没想到，他改进的断头台会被用来砍他的头。就在他改进了断头台后不久，法国发生了大革命，路易十六被推翻了。他妄图联合外国势力来镇压法国革命，失败后又逃往外国，但没走多远就被抓回来了。经过激烈的争论，法国人民决定把路易十六处死。所以，路易十六就被送上了断头台。

在法国大革命时期，断头台是法国最忙碌的机器。不知有多少人丧命在断头台上。虽然大革命结束了，但是断头台却一直作为执行死刑的工具，直到法国废除死刑为止。

为什么日本体育代表团成员里会有原中国运动员

1994年亚洲运动会在日本广岛举行。这天体育馆里正进行乒乓球女子单打决赛，中国的邓亚萍对战日本的小山智丽。稍微熟悉乒乓球运动史的人都知道，这个小山智丽以前是中国国家乒乓球队的运动员，名叫何智丽。

可是，为什么何智丽会变成小山智丽的呢？而且怎么她还会成为日本体育代表团的运动员呢？

何智丽本来是中国姑娘，1987年还代表中国获得了世界冠军呢。后来一个姓小山的日本小伙子爱上了她，经过努力，小山终于和何智丽结婚了。结婚后何智丽就按照日本的习惯，跟着丈夫姓小山，因此就叫作"小山智丽"了。

这对夫妻一个是日本人，一个是中国人，这里就出现个"国籍"的问题了。我们知道，每个人生下来就会有"国籍"。那么，人的国籍是怎样认定的呢？有的国家法律规定，小孩的父母是哪国人，他就跟父母一样是这个国家的人，这叫国籍的"属人主义"；有的国家法律规定，小孩生在哪国就是哪国人，这叫"属地主义"；在有的国家，这两种办法任人挑选，没有规定死。

一个人的国籍是可以变化的。像小山智丽结婚前国籍是中国，她结婚后就跟丈夫去了日本。按照日本法律，这样的情况下，小山智丽可以加入日本国籍。但是，要加入日本国籍，小山智丽就得放弃中国国籍。因为按照中国法律，一个人只能有一个国籍，要么是中国国籍，要么是外国国籍。

就这样，小山智丽失去了中国国籍，成为一个有日本国籍的人，不再是中国公民了。不过，有些国家的法律却跟我们国家不一样，他们允许一个人有几个国籍。比如说，西班牙、意大利就有很多人一人有几个国籍。阿根廷有个很有名的足球明星叫巴尔博，他到意大利踢了五年足球，而他的外祖父是意大利人，这样按意大利法律，他就有了意大利国籍。再加上巴尔博本身的阿根廷国籍，他就有了两个国籍。有的人甚至还有三四个国籍呢。

小山智丽获得日本国籍后，还继续打乒乓球。又过了几年，她可以代表日本参加世界比赛了。1994年亚运会上，她就赢了邓亚萍，为日本夺得一块金牌。

但是，我们中国人都明白一个道理：一个人的国籍可能会有改变，但他出生在哪里是不会改变的，他的父母是哪国人是不会改变的。所以，大多数中国人即使获得了其他国家的国籍，还是认为自己总归是炎黄子孙，是个中国人。